별에서 온 그대

굿바이, 윤통!

별에서 온 그대

초판 1쇄 인쇄 2023년 7월 25일
초판 1쇄 발행 2023년 7월 30일

지은이 이윤섭
펴낸이 이윤섭
펴낸곳 석열출판사
신고번호 제2023-000045호

주소 서울시 관악구 양지2길 17 (신림동 201호)
이메일 lys1917@naver.com

값 12,000원
ISBN 979-11-983782-0 0 (03900)

별에서 온 그대

굿바이, 윤통!

석열출판사

| 서 문 |

2016~2017년 사이에 대한민국에서 합법을 가장한 반란이 일어나 성공했다. 체제를 지켜야 하는 검찰과 사법부, 언론매체, 학계 그리고 여당인 새누리당이 모두 적극적으로 가담한 인류 역사상 전무후무한 사건이다.

반란으로 집권한 문재인 정권은 공언한 대로 '한 번도 보지 못한' 정권이 되었다. 반란에 가담한 새누리당은 미래통합당, 국민의힘 등으로 당명을 바꾸지만 지리멸렬하다가 문재인이 탄핵 날조 수사를 완벽히 한 공훈을 높이 평가하여 파격적으로 서울지검장, 검찰총장으로 임명했던 조작 수사의 달인 윤석열을 대선 후보로 추대했다.

2022년 3월 9일 실시된 대선에서 정치 검사 출신의 윤석열이 대통령에 당선되었다. 이자가 검사질하면서 수사 기소한 사건 가운데 정당성이 의심되는 것이 부지기수이지만, 바로 그 정당성에 의문을 품도록 수사 기소하는 재주 때문에 파격적인 승진을 하여 서울중앙지방 검찰청 검사장에 이어 검찰총장이 되고, 얼마 지나지 않아 '조국' 일가를 핵심을 빗나간 곁가지 수사한 것이 유능함, 강직함으로 인식되어 마침내 대통령이 되었다.

윤석열이 유력 대선 후보가 되자 기대를 걸고 지지하는 유권자와 결사반대하는 유권자들이 매우 많았다. 물론 윤석열이 대통령이 되어서는 안 된다고 한 자들이 사기 날조 수사를 잘한다고 반대한 것도 아니고, 지지한 이들은 그 재주를 모르면서 찍은 것도 아니다. 문재인 정권을 철저히 수사하고 처벌하기를 바라는 마음에서 표를 던진 이들이 태반이다.

윤석열 집단의 무능과 비윤리, 탈도덕 수준이 어느 정도인지 정상인으로서는 이해하기 어려운 점이 많다. 지지자들은 윤석열 정권이 일정한 성취를 할 것이라 기대하고, 반대자들은 빨리 내쫓아야 한다고 본다. 필자는 지지자들도 직접적인 이해관계가 있는 소수를 제외하고는 시간이 지남에 따라 차츰 이탈할 것으로 본다.

윤석열을 이해하기 위한 키워드가 검사이다. 정치인 경력이 전무한 윤석열이 부귀영화를 얻으려 갈망한 직업이 검사였고 또 사실상 유일한 직업이었다. 이것이 의미하는 바가 참으로 큰데, 윤석열의 본질을 이해할 수 있는 열쇠이다.

【윤석열 말로는 서울대학교 심리학과에 가서 사회 현상을 연구하는 심리학자가 되려고 했었으나 정의를 실현하기에는 법조인이 되는 게 가장 쉽고 안전할 것이라는 부친의 조언을 듣고 서울대학교 법과대학에 진학했다. 윤석열 딴에는 박근혜 대통령 구속·처벌로 그리고 '적폐수사'로 정의를 실현한 모양이다.】

사기 탄핵과 윤석열 집권을 이해하기 위해서는 장기간의 역사적 고찰이 필요하다는 것이 필자의 생각이다.

　중국에서 발생하여 수천 년간 계속 중국을 지배한, 이조에서 뿌리를 내리고 꽃피운 그리고 대한민국에서도 여전히 위세를 떨치고 있는 법가 문화가 사기 탄핵이 일어난 토양이다. '한국 민주화'의 본질이 법가적 가치관을 가진 지식인 나부랭이, 무지한 군중의 전면적 대두이며 윤석열 집권은 그 '찬란한' 꽃이요 열매라는 것이 필자의 결론이다.

【문재인 정권과 윤석열 정권의 행태를 한 어휘로 표현하면 '내로남불'이다. 사법에서의 내로남불은 학술용어로는 선택적 법집행(selective enforcement of law)이다. 이는 한비자가 제시한 전제군주의 통치술이다. 자기편의 들보는 덮고 반대편의 티끌은 엄벌에 처한다. 티끌이 없으면 만들면 된다.】

　전근대 사회의 속박에서 벗어나 근대국가로 성장하던 대한민국이 왜 몰락할 위기에 처하게 되었는가라는 질문에 답하고, 해결책을 찾으려는 뜻에서 서둘러 이 원고를 작성했다.

| 목 차 |

서문/ 4

1장 · 특검 수사팀장 윤석열, 서울중앙지검 검사장 윤석열, 그는 무슨 일을 했는가/ 9

   2016년 특검/ 12

   적폐수사/ 40

   『나직경(羅織經)』의 세계/ 60

2장 · 법가란 무엇인가/ 85

   법가 사상과 그 정책/ 87

   신이 없는 나라 - 중국/ 102

   법가의 관점에서 본 민(民)/ 107

   순리(循吏)와 혹리(酷吏)/ 112

3장 · 지식인의 탐욕, 지식인 통제/ 119

    과거제 도입/ 120

    과거제로 멸망한 명 왕조/ 127

    청의 멸망 과정/ 146

    이조의 지식인 통제/ 159

    지약(知弱)으로 멸망한 나라/ 181

4장 · 대한민국의 이조화/ 185

    법원과 검찰/ 186

    대한민국 교육의 본질/ 209

    에필로그 - 역사의 굴레/ 226

1장

특검 수사팀장 윤석열,
서울중앙지검 검사장 윤석열,
그는 무슨 일을 했는가

■ 윤석열 대통령의 인생 경과를 모르는 사람이 많다.
■ 우선 약력을 본다.

1960년 12월 18일 출생
1973년 2월 대광국민학교 졸업 (4회)
1976년 2월 충암중학교 졸업 (7회)
1979년 2월 충암고등학교 졸업 (8회)
1979년 3월 서울대학교 법학과 입학
1980년 5월 8일 교내에서 열린 모의재판에서 판사로서 신현확 국무총리에게 사형, 전두환 보안사령관에게 무기징역 선고. 5월 17일 강릉에 있는 외가 친척집에 석 달간 피신. 아무 일도 없다는 연락에 귀가
1983년 2월 서울대학교 법학과 졸업
1988년 2월 서울대학교 대학원 법학과 졸업, 법학 석사
1991년 10월 제33회 사법시험 합격
1994년 2월 제23기 사법연수원 수료, 대구지방검찰청 검사로 임용
1996년 2월 춘천 지방검찰청 강릉지청 검사
1997년 2월 수원 지방검찰청 성남지청 검사
1999년 2월 서울 지방검찰청 검사
2001년 8월 부산 지방검찰청 검사
2002년 2월 검사 사직하고 법무법인 태평양 소속 변호사가 됨
2003년 2월 광주 지방검찰청 검사
2003년 제16대 대통령 선거 불법 대선자금 수사팀 검사
2005년 2월 의정부 지방검찰청 고양지청 부부장검사
2006년 2월 대검찰청 중앙수사부 검찰연구관
2008년 1월 한나라당 대통령 후보 이명박의 주가조작 등 범죄혐의의 진상규명을 위한 특별검사실 파견검사. 무혐의 결론

2008년 3월 제46대 대전 지방검찰청 논산지청장
2009년 1월 대구 지방검찰청 특별수사부장
2009년 8월 대검찰청 범죄정보기획관실 범죄정보2담당관
2010년 7월 대검찰청 중앙수사부 2과장
2011년 8월 대검찰청 중앙수사부 1과장
2012년 7월 서울중앙지방검찰청 특별수사 1부장
2013년 4월 제55대 수원지방검찰청 여주지청장
2013년 4월 국가정보원 여론조작 의혹 사건 특별수사팀장
2014년 1월 대구고등검찰청 검사
2016년 1월 대전고등검찰청 검사
2016년 12월 박근혜 정부의 최순실 등 민간인에 의한 국정농단 의혹 사건 규명을 위한 특별검사실 수사팀장
2017년 3월 31일 박근혜 전 대통령 뇌물수수죄 등 18개 죄목으로 구속
2017년 5월 문재인에 의해 서울중앙지방검찰청 검사장에 임명됨. 이른바 적폐수사로 박근혜 정부 인사 1천 명 이상 조사. 이명박 전 대통령과 전직 국정원 원장 4인 등 200명 이상 구속. 이 과정에서 이재수 장군 등 여러 명 자살
　　　　이명박은 윤석열이 2008년 무혐의 판정했던 죄목으로 구속
2019년 7월 문재인에 의해 검찰총장에 임명됨
2021년 3월 검찰총장 사임
2021년 11월 제20대 대통령 선거 국민의힘 후보가 됨
2022년 3월 10일 대통령 당선
2022년 5월 10일 대통령 취임

굿바이, 윤통!

2016년 특검

윤석열이 2016년 특검 이후 2021년 검찰총장 퇴임 때까지 저지른 악마적 범죄는 모두 역사적 전례가 있다.

윤석열은 2016년 이른바 박근혜 정부의 최순실 등 민간인에 의한 국정농단 의혹 사건 규명을 위한 특검에서 특별검사실 수사팀장이었다. 특검인 박영수와 특검보 4인이 상관이었으나 조작 수사에 달인인 윤석열이 수사팀장으로서 모든 것을 결정했다.

윤석열은 태블릿 PC 조작, 위증 강요 등 온갖 사기를 쳤는데, 일반인의 상식으로 이해하기 어려운 일이었다. 이해를 돕기 위해, 거의 같은 역사적 전례(前例)를 소개한다.

이성계 일당은 위화도 회군 후 온갖 모략과 사기협잡으로 새로운 왕조를 세웠다. 이를 간략히 다룬다.

1388년 6월 3일 이성계가 주도한 위화도 회군이 성공하여 최영과 그의 측근들은 체포되어 유배되었다.

사흘 후인 6일 밤 우왕은 회군 주동자 이성계, 조민수, 변안열을 죽이고자 내시 80여 명을 무장시키고 이들의 집으로 갔으나 모두 군을 이끌고 야외에 주둔하고 있었으므로 목적을 이루지 못했다.

이성계가 최영의 딸인 왕비를 내어놓으라 하니 우왕은 거부했다. 이에 이성계는 우왕을 강화도로 축출했다. 이어 신왕 옹립 단계에 들어갔는데 이성계는 우왕의 친자인 왕창(王昌)을 세우기를 꺼려하여 종실 가운데 선택하려 하였으나 조민수는 우왕의 친자를 세우려 하였다. 당시의 명유(名儒)인 이색이 "마땅히 전왕의 아들을 세워야 한다."고 하여 9세의 왕창이 즉위하였다. 이때는 요동 원정에 출정한 36명의 원수가 건재한 때였으므로 이성계가 신왕 옹립을 마음대로 할 수는 없었다.

창왕이 즉위하자 조민수는 양광·전라·경상·서해·교주도 도통사, 이성계는 동북면·삭방·강릉 도통사가 되어 군 통수권을 양분하였다.

창왕이 즉위한 지 며칠 지나지 않아 박의중이 명의 예부 자문(咨文 : 같은 등급의 관청 사이에 오가는 공문)을 가지고 귀국하였다. 이 자문에서 명 태조 주원장은 고압적인 태도를 버리고 영토 문제는 상세히 살핀 후 결정될 것이라 하였다. 이는 사실상 고려의 요구를 수용한 완곡한 표현이다. 중도에 그쳤으나 고려의 요동 원정이 이러한 성과를 가져온 것이다.

7월 조민수가 창녕으로 유배되었다.『고려사』에는 조준의 탄핵에 의한 것으로 간략히 기록되어 있으나 이성계와 군 통수권을 양분한 조민수의 실각이 이렇게 간단히 이루어지지는 않았을 것이다. 조민수 제거로 홀로 도통사 직위를 보유하게 된 이성계는 원수들을 제거하기가 용이해졌다.

8월 이색은 문하시중, 이성계는 수문하시중으로 임명되었다.

이 무렵 이성계는 7남 이방번(李芳蕃)을 종실인 정양군(定陽君) 왕우(王瑀)의 딸과 혼인시켰다. 왕우는 신종(神宗)의 7대손이다. 이성계는 우왕을 폐위시키며 종실을 추대하려 했는데 창왕의 즉위로 일단 좌절되었다. 그 직후 불과 8세의 이방번을 종실과 혼인시킨 것으로 이는 이성계가 창왕을 폐위할 의도를 드러낸 것이었다. 이성계와 인척인 종실을 왕으로 추대하는 것은 찬탈로 가는 한 과정으로 기획되었다. 요동 원정에 조전원수(助戰元帥)로 참전하였으며 위화도 회군에 반대하였던 이성계의 이복형 이원계(李元桂)는 아우의 찬탈 의사를 확인하고 10월 23일 음독 자결하였다. 그가 남긴 절명시가 전한다.

삼한고국에 이 몸 둘 곳 어디이뇨	三韓故國身何在
지하에 가 태백 중옹을 좇아 놀고 싶구나.	地下願從伯仲流
같은 처지에 처신함이 다르다 마오,	同處休云裁處異
형만 가는 바다에 뗏목을 띄울 필요도 없으리.	荊蠻不必海浮桴

이원계는 이자춘(李子春)의 첫 번째 처인 한산 이씨의 소생이었다. 이원계는 홍건군 격퇴에 공을 세워 수복경성공신과 기해격주홍적공신이 되었다. 우왕 7년(1381)의 황산대첩(荒山大捷)에

공을 세워 추충절의보리공신(推忠節義輔理功臣) 칭호를 받고 완산군(完山君)에 봉해졌다. 판개성부사, 문하시랑평장사 등의 관직을 역임하였다. 그의 제1처는 문익점(文益漸)의 딸이고, 제2처는 경효왕(공민왕)의 측근 김용의 딸이다. 경효왕의 아낌을 받아 김용의 반역 때도 처벌받지 않았다.

【이원계의 장인 문익점은 엄청난 업적에도 불구하고 『고려사』「열전」에 실려 있지 않다. 이는 이성계의 찬탈에 반대한 때문이다. 최무선(崔茂宣) 역시 같은 이유로 『고려사』「열전」에 실려 있지 않다. 이성계의 찬탈에 반대한 이들은 거의 다 『고려사』「간신 열전」에 들어가 있다. 문익점과 최무선은 「간신 열전」에 넣기가 너무 어려워 아예 빠져 있다.】

이성계의 창왕 폐위 의도를 감지한 문하시중 이색은 고심 끝에 명나라의 힘을 빌리기로 하였다. 10월 이색은 첨서밀직사사 이숭인, 동지밀직 김사안(金士安)과 더불어 하정사로 떠났다. 처음 이색이 늙고 병들었음에도 불구하고 자청하여 사신으로 가려 하자 창왕을 비롯하여 모든 관료들이 만류하였다. 이색은 어린 왕에게 그의 의지를 밝혔다.

신은 포의(布衣 : 평민)로 벼슬이 최고위에 달하였으므로 언제나 죽음으로 이에 보답하려 하였습니다. 이제 죽을 곳을 얻게 되었습니다. 설사 길에서 죽을지라도 시체를 가지고 중간 역할을 하여 나라에서 위임된 바가 천자에게 전달될 수만 있다면 비록 죽어도 오히려 산 것입니다.

이색은 그가 없는 동안 이성계가 창왕을 폐위시킬까 두려워 이성계에게 아들 하나를 동행시킬 것을 요구하였다. 그리하여 이방원이 서장관(書狀官)으로 이색을 수행했다. 이색은 명나라에 입경하여 남경으로 가는 길에 명나라 고위 관리를 만났는데 그는 이렇게 말하였다.

그대의 나라 최영은 정병 10만을 거느렸으나 이성계가 그를 파리 잡듯이 쉽게 잡았으니 그대의 나라 백성들은 이성계의 망극(罔極)한 덕을 어떻게 갚을 것인가.

이는 이성계를 새로운 왕으로 추대해야 마땅하다는 견해이다.
이색은 주원장을 만나 명에서 고려에 관리를 보내 감국(監國)할 것을 요청하였다. 명의 관리가 고려의 국정을 감독하면 이성계가 찬탈할 수 없으리란 계산이었다. 이성계의 무력에 대항할 방도가 없어 선택한 고육지책이었다. 명 태조 주원장은 받아들이지 않았다.
12월 이색이 없는 동안 이성계는 서둘러 최영을 참형에 처하였다.

【최영과 이성계 관계는 의제적 부자 관계였을 가능성이 크다.】

위화도 회군에 대한 조선 시대의 평가

이씨 조선이 성립하면서 위화도 회군은 이성계가 명나라와의 전쟁으로 '삼한백성(三韓百姓)이 어육(魚肉)의 밥'이 되는 위기에 처했으므로 국가와 민족을 구하려는 일념에서 행한 영웅적 거사(擧事)로 찬양받았다. 그리고 이성계 일파는 위화도 회군 후에 정치경제 개혁으로 백성을 구했고, 그 결과 조선왕조가 천명을 받아 세워진 것으로 설정하였다. 이러한 조선 건국 세력의 공식사관은 『고려사』와 『용비어천가(龍飛御天歌)』에 잘 묘사되어 있다.

고려 말을 살아보지 못한 조선의 지식인들은 이를 믿었으나 계유정란을 통해 수양대군이 왕위를 찬탈하는 것을 목격하고는 이성계의 역성혁명과 위화도 회군에 의심을 품기 시작했다. 이퇴계는 원천석의 설을 믿으며 우왕과 창왕이 신돈의 아들이라는 말을 믿지 않는다고 제자에게 편지로 밝혔다.

숙종 때 지식인 사이에서 위화도 회군에 관한 역사 논쟁이 벌어졌다. 당시 정국을 주도하던 서인(西人)이 노론(老論)과 소론(小論)으로 갈라진 이유 중의 하나가 위화도 회군에 대한 역사적 평가의 차이였다.

노론의 영수인 송시열은 조선개국 300주년을 맞이해 "태조가 개국한 지 300년에 굳은 대업(大業)이 실상 위화도 회군으로 시작되어 대의(大義)를 일월(日月)같이 밝혔으니 소의정론(昭義正論)으로 시호를 올리는 것이 옳습니다."라고 상소하였다.

이에 소론의 윤증, 박세채는 반대했다. 박세채는 위화도 회군은 화가위국(化家爲國 : 신하가 임금이 되는 것)을 위한 것이지 결코 대의에서 나온 것이 아니라고 하여 송시열의 주장을 정면으로 반박했다.

송시열은 박세채를 '선군(先君)을 깎아 말하는 자'로 비난했고 박세채는 송시열을 '금세(今世)의 왕방(王雱 : 원나라 말 횡포를 부린 환관)'이라고 하여 간사하고 음특한 자로 규정하였다.

소론의 평가는 조선왕조 성립 이래의 역사 해석을 뒤집는 것이었다. 권력에 의한 공식사관도 300년이 지나자 객관적인 평가를 받게 된 것이다.

***

창왕 원년 2월 이성계는 동지 밀직사사 윤사덕(尹師德)을 명으로 보내 주원장에게 최영을 처형했음을 보고하게 하였다.

3월 정해일에 명에 사신으로 간 강회백(姜淮伯) 등이 돌아왔다. 명의 예부(禮部)에서 발송한 자문의 형식으로 명 태조는 그의 견해를 전해 왔다.

고려는 (중국과의) 사이에 산이 막히고 바다가 놓여 있으며 풍속이 판이하다. 비록 중국과 서로 통하였어도 이합(離合)이 무상하였다.

오늘에 신하가 그 아비를 쫓아내고 그의 자식을 세워놓고 내조(來朝)를 청한다. 이는 인륜이 크게 무너진 일로 임금은 자기 도리를 못 하고 신하는 대역을 저지른 일이다.

사신을 타일러 돌려보내고 어린아이도 내조하러 올 것이 없다고 지시하라. 세우는 것도 저들이 하는 일이요, 폐위시키는 것도 저들이 하는 일이다. 중국은 상관하지 않겠다.

명 태조가 갑자기 고려에 불간섭 입장을 취한 이유는 전년의 요동 원정에 충격을 받은 탓이었는데 이는 이성계의 찬탈에 청신호였다.

4월 이색도 목적을 달성하지 못하고 귀국했다.

6월 문하평리(門下評理) 윤승순(尹承順)과 첨서밀직사사 권근(權近)이 다시 창왕의 내조를 청하러 명으로 갔다.

7월 정유일은 우왕의 생일이다. 이날 이성계, 판삼사사 심덕부, 판개성부사 배극렴, 문하평리 정지 등 회군의 주역들이 직접 황려(黃驪 : 현재의 경기도 여주)에 가서 우왕을 향응하였다. 우왕은 이처럼 상왕 대우를 받고 있었다.

9월 창왕의 친조를 요청하기 위해 명에 파견되었던 윤승순과 권근이 귀국하였다. 이들은 명의 예부에서 발송한 자문을 가져왔다. 이 자문의 내용은 다음과 같다.

"고려국 내에 사고(事故)가 많고 신하들은 충역이 섞여 있어 하는 것이 모두 좋은 정책이 아니어 폐립을 자유로이 하니 어찌 삼한을 대대로 지키는 방도인가. 저들이 이미 임금을 가두어놓고 어린아이의 입조를 와서 말하니 반드시 숨겨놓은 음모가 있는 것으로 믿을 것이 못 된다. 저들이 진실로 역(逆)으로써 상사(常事)를 삼는다면 모두 뒤를 이어 할 것이니 인륜이 없어지고 예의가 망할 것이다.

[高麗國中多故. 陪臣忠逆混淆 所爲皆非良謀. 廢立自由 豈三韓世守之道哉. 彼旣囚其主 來言童子入朝 必有隱謀 不可信也. 彼苟以逆爲常事 皆繼踵以爲之 則人倫斁而禮義亡矣.]

너희 예부는 그것을 고려에 타일러 어린아이로 하여금 반드시 내조하지 않도록 하라. 과연 그 나라에 현명하고 지혜로운 신하가 있어 군신의 명분을 밝히고 백성을 안정시키고 나라를 편안히 하면 비록 수세를 두고 내조하지 않아도 책(責)할 것이 없을 것이다. 그렇지 않으면 비록 해마다 내조한들 무슨 유익한 것이 있겠는가.

[爾禮部其諭高麗 使童子不必來朝. 果其國有賢智之臣 明君臣之分 妥民安國 雖數世不朝 亦無所責. 不然 雖連年來朝 亦何益哉.]"

(『태조고황제실록』권 286 홍무 22년 8월 계묘)

이처럼 명의 실록을 보면 명 태조는 국왕 폐립을 마음대로 하고, 임금을 가둬놓고 있다고 이성계 일파를 책망하고 있다. 이성계 일파는 즉시 도평의사사에서 공개해야 하는 규정을 어기고 자문을 위조하여 2개월이 지난 11월 공표했다.

홍무 22년 8월 8일 본부 상서 이원명(李原明) 등이 봉천문(奉天門)에서 성지(聖旨)를 받았다.

"고려국에는 사고가 많다. 신하들 중에는 충신과 역신이 뒤섞여서 하는 일이 모두 옳은 정책은 아니다. [高麗國中多事. 爲陪臣者 忠逆混淆 所爲皆非良謀.]

임금의 자리는 왕씨가 시해된 이후로 후계가 끊어졌다. 비록 다른 성이 왕씨로 가칭하여 임금이 되었으나 이는 역시 삼한(三韓)의 왕업을 이어 지키는 좋은 법이 아니다. [君位自王氏被弑絶嗣後. 雖假王氏以異姓爲之 亦非三韓世守之良法.]

옛날 임금을 시해한 역적은 임금의 죄악이 크므로 나온 것이다. 무릇 임금을 시해한 자는 비록 난신적자(亂臣賊子)이나 그중에는 또한 착한 정치를 베풀어 하늘의 뜻을 돌이키고 백성을 안무한 자도 있다. [古有弑君之賊 由君惡貫盈. 凡弑君者雖在亂臣賊子 亦有發政施仁 以回天意 以安有衆.]

이제 고려의 신하들은 연이어 음모를 꾸며 오늘에 이르도록 안정되지 못하고 있다. 반역으로 나라를 얻었다 한들 반역으로 지킬 수 있는가. 만약 반역을 정상으로 여긴다면 역신이 줄지어 일을 벌일 것이다. 모두 처음 반역한 자가 가르친 것이니 어찌 원망할 것인가. [今高麗陪臣等 陰謀疊詐 至今未寧. 設使以逆得之 以逆守之 可乎. 若以逆爲常 則逆臣繼踵以事之. 皆首逆者敎之 又何怨哉.]

예부에서는 공문을 보내어 어린아이(童子 : 창왕)에게 서울(남경)로 올 필요는 없다고 전하라. 과연 어질고 지혜로운 신하가 있어 위로는 임금과 신하의 명분을 굳건히 정하고 생민을 안착시키는 방책을 세운다면 비록 십 년을 내조(來朝)하지 않는다 해도 어찌 근심이 되겠으며 해마다 내조한다 해도 어찌 싫어하겠는가. 또한 처녀는 보내지 말라고 명하라. [禮部移文前去 童子不必赴京. 果有賢智陪臣在位 定君臣之分於上 造妥民之計於國 雖數十歲不朝 亦何患哉 連歲來朝 又何厭哉 又命勿送處女]"

명 태조가 경효왕 암살 이후 다른 성씨가 고려의 임금이 되었다고 규정하는 내용이다.

이 위조된 문서를 근거로 이성계는 창왕 폐위에 나섰다(이씨 조선에서 우왕과 창왕이 신돈의 자손이라고 선전했으나 조선 후기에 들어 양반들은 우왕과 창왕을 경효왕의 자손으로 보게 되었다.).

11월 14일 이성계는 판삼사사 심덕부(沈德符), 찬성사 지용기(池勇奇), 정몽주, 정당문학 설장수(偰長壽), 평리 성석린(成石璘), 지문하부사 조준(趙浚), 판자혜부사 박위(朴葳), 밀직부사 정도전 등을 불러 흥국사(興國寺)에서 창왕 폐위 문제를 논의하였다. 대병력이 흥국사 주위를 둘러쌓아 위압적인 분위기를 연출하였다.

15일 새벽 이성계는 심덕부 등 8인과 더불어 경효왕의 비인 정비의 궁으로 들어갔다. 군대가 궁을 에워싼 가운데 이성계는 정비로부터 창왕을 폐위하고 정창군을 즉위시키는 교서를 받아내었다. 이성계는 꺼려하는 정창군을 억지로 수창궁(壽昌宮)에서 즉위시켰다. 고려의 마지막 임금인 그의 묘호는 공양왕(恭讓王)이다. 정창군 왕요는 이성계의 사돈인 정양군(定陽君) 왕우(王瑀)의 형이다.

창왕은 폐위되어 강화도로 유배되고 우왕의 거처도 강릉으로 옮겨졌다. 이림(李琳 : 창왕의 외조부)과 그 아들 이귀생(李貴生), 사위 유염(柳琰)과 최렴(崔濂), 외손녀 사위 노구산(盧龜山), 조카 이근(李勤) 등은 먼 곳으로 유배되었다.

16일 이색은 판문하부사, 변안열은 영삼사사(領三司事), 심덕부는 문하시중, 이성계는 수문하시중, 왕안덕은 판삼사사(領三司事), 정몽주와 지용기는 문하찬성사, 조인벽(趙仁璧)은 판의덕부사, 설장수는 정당문학, 성석린은 문하평리, 조준은 지문하부사, 정도전은 삼사우사, 이고(李皐)는 사헌집의로 하는 인사가 단행되었다. 이 인사에는 이성계가 꺼리는 인물들이 다수 포함되어 있었다.

12월 1일(을미일) 이성계는 이색과 그의 아들 이종학(李種學)의 관직을 박탈하고 조민수를 서인으로 만들었다.

12월 5일 이성계의 뜻을 따르는 간관들이 우왕과 창왕을 주살할 것을 청하고 이색, 이인임 등의 처벌을 주장하였다. 이색 부자와 이숭인(李崇仁), 하륜(河崙), 환관 이분(李芬)을 귀양 보내었고 이미 유배 중인 조민수는 삼척으로, 권근은 김해로 옮기도록 했다.

14일 이성계의 심복인 사재부령 윤회종(尹會宗)이 우왕과 창왕을 죽이라고 상소하였다. 공양왕이 여러 재상들에게 차례로 물었으나 모두 묵묵부답이었다. 이성계가 홀로 강력 주장하여 관철시켰다. 정당문학 서균형(徐鈞衡)이 강릉으로 가서 우왕을 시해하고, 예문관대제학 유순(柳珣)이 강화도에 가 10세의 창왕을 시해하였다. 영비 최씨는 10여 일이나 음식을 먹지 않고 밤낮으로 곡하고 눈물 흘리며 밤이면 반드시 우왕의 시체를 끌어안고 잤다고 한다.

  21일 이성계 일파가 요직을 차지하는 인사 개편이 있었다. 이제 이성계는 문무의 실권을 한 손에 쥐었고 형조, 사헌부(司憲府 : 어사대) 등 언관(言官) 직에 그의 당파를 배치하였다. 이후 이들 언관들은 이성계에 대항하는 세력을 끊임없이 탄핵하여 제거하는 활동을 벌였다.

  이듬해인 공양왕 2년(1390) 1월 12일에는 이성계가 8도 군마를 영솔하게 되었고 독자적인 군영(軍營)을 설치하여 그의 신변을 호위하였다. 군영 운영 경비도 정부에서 부담하였다.

  이는 무신 정권에서 도방을 설치한 것과 같은 일이다.

【즉위년 다음해가 원년이 되어야 하나 『고려사』는 창왕을 왕으로 인정하지 않았기 때문에 공양왕 즉위년인 1389년이 공양왕 원년이 되었다.】

28일에는 심덕부가 경기 평양도 병마도통제사가 되어 이성계 일파의 무력 기반이 더욱 확대되었다.

이성계 일당은 또 다른 엄청난 음모를 꾸몄다.

5월 초하루 계사일 명에 파견되었던 순안군 왕방과 동지밀직부사 조반이 귀국하였다. 조반의 귀국 보고로 이른바 윤이(尹彝)·이초(李初)의 옥사가 시작되었다. 공양왕이 즉위하자 윤이와 이초라는 자들이 명에 가서 고려 국정에 대해 모종의 호소를 하였는데 명의 예부 관리들은 고려의 사신 왕방과 조반에게 이를 알렸다고 한다.『고려사절요』에는 그 내용이 다음과 같이 나와 있다.

너희 나라 사람으로 파평군(坡平君) 윤이, 중랑장 이초라는 자가 와서 황제에게 호소하였다.

"고려의 李 시중(이성계)이 왕요를 세워 임금을 삼았으나 (왕)요는 종실이 아니라 이 시중의 인척입니다. 요가 이 시중과 더불어 군을 동원하여 상국(上國)을 치고자 하니 재상 이색 등이 불가하다 하였더니 곧 이색·조민수·이림·변안열·권중화(權仲和)·장하(張夏)·이숭인·권근·이종학·이귀생(李貴生) 등을 살해하고, 우현보·우인열·정지·김종연·윤유린(尹有麟)·홍인계(洪仁桂)·진을서(陳乙瑞)·경보(慶補)·이인민(李仁敏) 등을 체포하여 멀리 귀양 보내었습니다. 그리하여 유배된 재상 등이 가만히 우리를 보내어 천자에게 고하게 하고 또 친왕(親王 : 여기서는 훗날 명의 영락제로 즉위하는 燕王을 뜻함)으로 하여금 천하의 군을 움직여 와서 토벌할 것을 청하게 하였습니다."

조반에 따르면 윤이와 대면하였는데 윤이가 파평군을 사칭했다는 것이 드러났다고 한다. 조반은 명 예부의 관리가 "천자가 성명(聖明)하므로 무고임을 알고 계시니 너희는 속히 환국하여 왕과 재상에게 말하여 윤이·이초가 써낸 글에 나오는 인물들을 붙들어 국문하여 알려라."고 명령했다고 보고했다.

『고려사절요』에 기록된 윤이·이초의 말을 정리하면 ① 공양왕과 이성계가 명을 치려 하였고 ② 이색 등이 이에 반대하였고 ③ 이에 공양왕은 이색 등을 살해하고 우현보 등을 유배하였고 ④ 유배된 재상들은 명에 윤이·이초를 보내 이 일을 전하고 명에 청원하여 명의 군대를 동원하여 공양왕과 이성계를 치려 했다는 것이다.

이 같은 사신의 보고에 이성계의 수족이 되어 활동하던 언관(言官)들은 교대로 상소하여 이름이 언급된 인물들을 국문할 것을 요구하였다.

이 사건의 진상을 밝히기 위해서는 우선 윤이·이초의 정체를 밝혀야 하고 이들이 명 조정에 가서 한 진술 내용이 확보되어야 한다. 그러므로 이들에 대한 신문(訊問)이 절대적으로 필요한데 명에 머무르고 있어 불가능했다.

【고려에서 진상조사를 위해 명에 사신을 보내자 명 태조는 윤이·이초를 귀양 보냈다. 그 후의 소식은 전하지 않는다.】

이 사건을 알린 조반은 이성계의 측근이다. 윤이·이초가 실제로 무슨 말을 하였는지도 알 수 없었다. 조반은 명의 예부 문서를 가져온 것이 아니라 단지 예부 관리들이 했다는 말을 전한 것에 불과했다. 윤이·이초가 했다는 말을 그대로 믿는다면 명의 입장에서는 고려 국왕과 이성계, 이색 등 모두가 피의자이다. 그러나 명은 이 사건에 관심이 없었다. 이 일은 고려 내부의 사건이 되었다.

이성계는 명 원정에 반대하여 회군을 주동한 자이고 공양왕은 그가 옹립한 인물이므로 누가 보아도 이들이 명을 치려 했다는 것은 무고가 된다. 무엇보다도 고려에서 국왕을 피의자로 보아 조사한다는 것은 있을 수 없는 일이다. 수사를 할 경우 조반이 전한 말에 나오는 인물 중 국왕과 이성계는 대상에서 제외되고 이색, 조민수 이하의 인물만을 상대로 할 수밖에 없다. 이들의 혐의는 국왕을 모략한 것이므로 당연히 대역 죄인이냐 아니냐 하는 문제가 된다. 그리고 신문 방법은 대개의 정치 사건이 그렇듯 고문이 될 수밖에 없었다.

이 사건 수사는 엄청난 정치적 파장이 예상될 뿐만 아니라 공정성을 보장할 수 없는 일이었으므로 공양왕은 상소를 모두 유보하였다. 좌사의(左司議 : 중서문하성의 정4품 벼슬로 언관) 김진양

(金震陽)이 '윤이·이초의 일은 세 살 어린아이도 그 무망(誣罔)함을 알 수 있는 일'이라 말했듯이 중상모략으로 보는 것이 중론이었다. 그러나 이성계는 강력히 수사를 촉구했다. 이성계는 이 사건을 구실로 반대파를 무수히 죽이고 유배 보내는 데 성공했다.

이성계는 이 사건 처리 과정에서 여러 원수(元帥)의 인장을 모두 회수하여 무장들이 가지고 있던 사병 집단을 흡수하였으며 또한 도총중외군사(都摠中外軍事) 직위에 올랐다. 12월에는 군사제도를 고쳐 군의 최고사령부인 삼군총제부(三軍摠制府)를 설치하였다.

이듬해인 공양왕 3년(1391) 정월 7일(을미일)에는 이성계 스스로 삼군도총제사(三軍都摠制使) 자리를 차지하고 심복인 배극렴·조준·정도전은 각각 중군총제사(中軍摠制使)·좌군총제사(左軍摠制使)·우군총제사(右軍摠制使)가 되었다. 이로써 이성계는 서울과 지방의 모든 군사를 통솔하게 되었다.

이성계 일파는 공양왕을 압박하여 2월 초하루 무오일에 회군 공로자들에게 공신전을 하사하는 조치를 내리게 했다. 모두 54명이 공신이 되었는데 1등 공신에는 이성계, 2등 공신에는 심덕부·배극렴·윤호·유만수 등 17인이, 3등 공신에는 30명이 책봉되었으며 그밖에는 등급이 없었다.

2월 14일 삼군총제부 소속 군사들이 왕궁을 숙위(宿衛)하게 되었다. 이는 공양왕이 이성계 휘하의 엄중한 감시를 받게 된 것을 의미했다. 이후 고려를 지키려는 움직임이 있었으나 정몽주 피살로 모두 실패했다.

7월 12일 이성계의 심복 배극렴은 왕대비를 강압하여 공양왕을 폐위한다는 교서를 받아냈다. 남은(南誾)은 문하평리 정희계와 함께 폐위교서를 가지고 공양왕이 있는 궁궐로 가서 폐위를 선포하였다. 공양왕은 원주로 유배되었다.

7월 13일 이성계는 감록국사(監錄國事)가 되었다. 이날 이성계 일당은 회빈문(會賓門) 밖에서 단양군(丹陽君) 우성범(禹成範)과 진원군(晋原君) 강회계(姜淮季)를 베었다(정도전의 음모라고 한다.). 이들은 공양왕의 부마였다. 우성범은 우홍수의 아들이다.

이성계는 찬성사 성석린(成石璘), 정당문학 이원굉(李元紘), 청성군 강시(姜蓍), 예문과 대제학 한천(韓蕆), 밀직 제학 성석용(成石瑢)을 귀양 보내었다.

7월 14일 전 밀직 유혜손(柳惠孫)·군자윤(軍資尹)·강회중(姜淮仲), 개성소윤 유향(柳珦), 선공부령(繕工副令) 김윤수(金允壽), 호군(護軍) 강여(姜餘)를 지방으로 유배하였다.

7월 16일 배극렴, 조준, 정도전 등 50여 명의 대소 신료들이 이성계의 집으로 가서 즉위를 권유하였다.

7월 17일 이성계는 수창궁에서 국왕으로 즉위하였다.

즉위한 직후 가장 긴급한 일은 반대세력으로부터 왕위를 지킬 군사권의 장악이었다. 즉위 다음 날인 18일 의흥친군위(義興親軍衛)를 설치하여 종친과 대신들에게 각 도의 군사를 지휘하게 하였다. 또한 이날 이성계는 자신의 즉위를 알리려 조반을 명에 사신으로 파견하였다.

고려 왕족 왕씨의 존재는 이성계 일파로서는 큰 부담이었다. 이성계가 즉위한 지 3일 만인 7월 20일 모든 왕씨를 강화도와 거제도로 유배하는 조치를 취했다.

【이성계는 1394년 초 이들을 전부 학살한다.】

사헌부 대사헌 민개 등이 고려 왕조의 왕씨를 밖에 두기를 청하니, 임금이 말하였다.
"순흥군(順興君) 왕승(王昇)과 그 아들 강(康)은 나라에 공로가 있으며, 정양군(定陽君) 왕우(王瑀)와 그의 아들 조(毅)·관(琯)은 장차 고려 왕조의 제사를 받들게 할 것이니 논하지 말고, 그 나머지는 모두 강화와 거제에 나누어 두게 하라."
―(『태조실록』 태조 1년 7월 20일)

7월 28일 이성계는 온 백성을 상대로 교서를 반포했다. 정도전이 지은 이 교서에서 이성계는 왕위에 오르게 된 경위를 해명하고 "국호는 그대로 고려라 하고 의장(儀章)과 법제는 전 왕조의 것을 그대로 따른다."고 선언하였다. 교서의 내용은 종묘·사직 제도를 정하는 일, 왕족·왕씨 처리 문제, 문무과의 실시, 관혼상제를 정하는 일, 형률은 명나라의 『대명률(大明律)』을 적용, 고려왕조지지 세력에 대한 징계 등에 관한 것이다.
또한 이날 이성계는 4대 조상에게 존호를 올려 이안사(李安社)

는 목왕(穆王), 이행리(李行里)는 익왕(翼王), 이춘(李椿)은 도왕(度王), 이자춘(李子春)을 환왕(桓王)이라 하였다.

【이성계는 즉위하자 이름을 성계에서 단(旦)으로 고쳤다. 고친 시기는 알 수 없는데 즉위한 지 얼마 지나지 않아 고친 것은 확실하다. 주원장이 조선에 보낸 국서에는 이성계가 아닌 이단이라 했다.】

8월 2일 이성계는 공신책봉을 위해 공신도감(功臣都鑑)을 설치하였다.

8월 7일 전주(全州)를 승격시켜 완산부(完山府)로 하고 유구(柳珣)를 완산부의 부윤(府尹)으로 임명했다.

8월 13일 이성계는 한양(漢陽)으로 도읍을 옮기라고 도평의사사에 명령했다.

8월 20일 이성계는 8남인 이방석(李芳碩)을 세자로 정하였다.

8월 23일 고려에 충성하는 인사들을 각처에 유배 보내는 임무를 맡은 손흥종(孫興宗)·황거정(黃居正)·김로(金輅) 등이 돌아와 이종학·최을의·이숭인·김진양·우홍득·우홍수·우홍명·이확 등 8인이 죽었다고 보고했다. 이들은 정도전의 명을 받아 위의 8인을 장살(杖殺) 또는 교살하였다.

【정도전은 많은 사람에게 사감을 가졌는데 특히 우현보 집안을 원수로 여겼다. 이는 정도전의 출생과 관련이 있다.】

8월 29일 이성계는 전 밀직사 조림(趙琳)을 명에 보내어 정식으로 명에 왕조 건국을 알리는 표문(表文 : 신하가 임금에게 올리는 글의 한 형식)을 전하게 하였다. 다음은 표문의 내용이다.

권지고려국사(權知高麗國事) 신 이단(李旦)은 말씀을 올립니다. 삼가 생각하옵건대, 소방(小邦)에서는 공민왕이 후사가 없이 세상을 떠난 뒤에 신돈의 아들 우가 성을 속이고 왕위를 도둑질한 것이 15년이었습니다.

무진년 봄에 이르러 망령되이 군대를 일으켜 장차 요동을 범하려고 하여, 신을 도통사로 삼아 군대를 거느리고 압록강까지 이르게 하였습니다. 신이 그윽이 스스로 생각해 보건대, 소방이 상국(上國)의 경계를 범할 수 없으므로, 여러 장수들에게 대의(大義)로써 깨우쳐 즉시 함께 군사를 돌이켰습니다.

우는 이에 스스로 죄를 알고서 아들 창에게 양위했는데 창도 또한 어리석고 유약하여 왕위에 있을 수 없으므로, 국인(國人)이 공민왕의 비 안씨의 명을 받들어 정창부원군 왕요로서 임시로 국사를 서리하게 하였습니다.

요가 혼미하여 법도를 어기고 형벌과 정치를 문란하게 하여 참소하고 아첨하는 무리를 가까이하고 충성스럽고 선량한 신하를 내쫓으니, 신하와 백성이 분개하고 원망하였으나, 아뢰어 말할 데가 없었습니다.

공민왕 비 안씨는 그렇게 된 이유를 깊이 생각하여 그에게 명하여 사저(私邸)에 돌아가게 하였습니다. 이에 온 나라의 대소신

료와 한량·기로(耆老)·군민(軍民) 등이 말하기를, '군국(軍國)의 사무는 하루라도 통솔이 없으면 안 되겠다.' 하면서 신을 권지군국사(權知軍國事)로 추대하였습니다.

　신은 본디부터 재주와 덕행이 없으므로 사양하기를 두세 번에 이르렀으나, 여러 사람의 사정에 몰려서 도망해 피해 다니지도 못하므로 놀라고 두려워하여 몸 둘 곳을 알지 못하겠습니다. 삼가 황제폐하께서는 하늘과 땅 같은 넓은 도량과 해와 달 같은 총명으로써 여러 사람의 뜻을 어길 수 없음과 미천한 신이 마지못했던 일임을 살피시어, 성심(聖心)으로 재가하여 백성들의 뜻을 안정하게 하소서.

　9월 16일 개국공신 43명의 명단을 발표하였고 여러 차례 추가하여 11월에 최종적으로 52명을 확정하였다. 이 공신들은 3개 등급으로 나뉘어, 1등 공신은 150~220결에 해당하는 토지와 15~30명에 이르는 노비를, 2등 공신은 100결의 토지와 10명의 노비를 3등 공신은 70결의 토지와 7명의 노비를 각각 하사받았다. 특별히 정도전은 2천 결, 조준은 700결의 토지를 받았다.

　10월 13일 이성계는 고려 왕조의 종묘를 헐고 그 땅 위에 새 종묘를 짓게 하였다.

　10월 22일(경오일) 조반이 귀국하니 이성계는 백관을 거느리고 선의문(宣義門) 밖에서 맞이했다. 조반이 명 예부(禮部)의 차자(箚子)를 받들고 전했는데, 명 태조 주원장이 이성계의 찬탈을 승인하는 내용이었다. 다음은 그 차자이다.

예부에서 고려국 도평의사사에게 차자(箚子)를 부송하오. 홍무 25년 9월 12일 본부(本部)의 우시랑 장지(張智) 등의 관원이 부송한 글을 화개전(華盖殿)에서 주문(奏聞)하고 황제의 성지(聖旨)를 삼가 받았는데 그 칙지에,

"천지간에 백성들을 주재(主宰)하는 사람은 크고 작고 간에 그 수가 얼마나 되는지 알 수 없는데, 혹은 흥하기도 하고 패망하기도 하니 어찌 우연한 일이겠는가? 그 삼한(三韓)은 왕씨가 망하면서부터 이씨가 계책을 씀이 천태만상인 것이 벌써 몇 해가 되었는데 지금은 확연히 그러하다. 왕씨가 옛날 삼한을 차지한 보답도 또한 그러했으니, 이것이 어찌 왕씨가 옛날에 일을 잘하고 이씨가 오늘날 계책을 잘 쓰기 때문인가. 상제(上帝)의 명령이 아니면 되지 않는 것이다.

그 삼한의 신민이 이미 이씨를 높였는데 백성들에게는 병화(兵禍)가 일어나지 않으며 사람들마다 하늘의 즐거움을 즐길 수 있다면 그것이 곧 상제의 명인 것이다. 비록 그러하나 지금부터 봉강(封疆)을 조심하여 지키도록 하고 간사한 마음을 내지 말면 복이 더욱 많아질 것이다. 너희 예부에서는 짐의 뜻을 알리라." 하였소. 본부(本部)에서는 지금 성지(聖旨)를 받들어 사의(事意)를 갖추어 먼저 보내오.

주원장으로부터 즉위 승인을 받은 이성계는 백관의 축하를 받았

고 10월 25일 문하시랑 찬성사 정도전을 사은사(謝恩使)로 남경에 파견하였다. 정도전이 가지고 간 표문의 내용은 다음과 같다.

배신(陪臣 : 신하의 신하) 조반이 남경에서 돌아와 예부의 차자를 가지고 와서 삼가 황제의 칙지를 받았는데, 고유(誥諭)하심이 간절하고 지극하셨습니다. 신은 온 나라 신민과 더불어 감격함을 이길 수 없는 것은 황제의 훈계가 친절하고 황제의 은혜가 넓고 깊으시기 때문입니다. 몸을 어루만지면서 감격함을 느끼고 온 나라가 영광스럽게 여깁니다.

가만히 생각하옵건대, 천지간에는 본래부터 패망하고 흥하는 이치가 있는데, 소방(小邦)은 공민왕이 후사가 없으면서부터 왕씨가 망한 지 이미 오래되었고, 백성의 불행은 날로 증가해 갔습니다. 우가 이미 요동을 공격하는 일에 불화의 씨를 만들었으며 요(瑤)도 또한 중국을 침범하는 일에 모의(謀議)를 계속하고 있었습니다. 이들 간사한 무리들이 내쫓긴 것은 실로 황제의 덕이 가해지고 또한 여러 사람들이 기약하기 어렵다고 생각한 때문이오니, 이것이 어찌 신의 힘이 미친 것이겠습니까? 어찌 성감(聖鑑)께서 사정을 환히 알아서 천한 사신의 말을 듣고 즉시 덕음(德音)이 갑자기 이르게 될 줄을 생각했겠습니까?

마음속에 새겨서 은혜를 잊지 않겠으며 쇄골분신(碎骨粉身)으로도 보답하기가 어렵겠습니다. 이것은 삼가 황제폐하께서 구중궁궐에서 천하를 다스리고 있으시면서도 만 리 밖을 밝게 보시고, 『주역』의 먼 지방을 포용하는 도리를 본받고 『예경(禮經)』의 먼 나라 사람을 회유하는 인덕을 이루어, 마침내 자질구레한 자질로 하여금 봉강을 지키는 데 조심하시게 하시니, **신은 삼가 처음과 끝을 한결같이 하여 더욱 성상을 섬기는 성심을 다하여 억만년이 되어도 항상 조공(朝貢)하고 축복하는 정성을 바치겠나이다.**

11월 27일(갑진일) 조림이 귀국하였다. 조림이 명 예부의 자문과 명 태조의 선유(宣諭)를 가지고 왔다. 선유의 내용은 다음과 같다.

이번에 내가 예부로 하여금 문서를 주어 상세히 회보하게 한다. 그전의 한나라·당나라·송나라 때에 관원을 보내어 너희 나라의 수어(守禦)하는데 이르면, 임명해 간 사람이 술을 좋아하고 여색을 사랑하여 백성을 해쳤으므로, 너희 나라 사람들이 문득 해쳤으니 일에 무슨 이익이 있었겠는가. 이 때문에 짐이 사람을 시켜 가지 못하게 한 것이다.

공민왕이 죽으매 그 아들이 있다고 칭하고 이를 세우기를 청하였으나, 나중에 와서 또 그렇지 않다고 말하였고, 왕요를 왕손의 정파(正派)라 하여 세우기를 청하였다가 지금 또 제거해 버렸다. **두세 번 사람을 시켜왔으나 대개는 자기 스스로 왕이 되기를 요구한 것이므로 나는 묻지 않았다.** 자기 스스로 왕이 되어 스스로 할 것이다. 백성들을 편안하게 하고 서로 통하여 왕래하게 한다.

이성계의 정통성 없는 왕위 찬탈은 이전과는 질적으로 다른 중국과의 사대 관계를 유발했다. 국내 지지가 미미한 상황에서 명의 승인으로 정통성을 확보하려는 과정에서 국호를 짓는 일마저 명에 맡겼다. 명의 승인에 고무된 이성계는 백관을 도당에 모아 새로운 국호를 의논하였다. 그 결과 '조선(朝鮮)'과 '화녕(和寧)' 두 이름이 후보로 나왔다. 화녕은 이성계가 출생한 영흥(永興)의 옛 이름이다.

11월 29일 예문관학사 한상질(韓尚質)을 명 태조에게 보내어 두 국호 가운데 하나를 선택해 주기를 요청하였다.

이듬해인 홍무 26년(1393) 2월 15일 한상질이 귀국하여 명 예부의 자문을 전했다. 다음은 그 내용이다.

본부의 우시랑 장지 등이 홍무 25년 윤 12월 초 9일에 삼가 성지(聖旨)를 받들었는데 그 조칙에,

"동이(東夷)의 국호는 다만 조선의 칭호가 아름답고 또 유래가 오래되었으니 그 명칭을 근본하여 본받을 것이며, 하늘을 본받아 백성을 다스려서 후사(後嗣)를 영구히 번성하게 하라." 하였소. 본부(本部)에서는 지금 성지(聖旨)를 받들어 사의(事意)를 갖추어 먼저 보내오.

이성계는 감격하여 한상질에게 토지 50결을 주고 당일로 고려를 없애고 조선을 국호로 쓰라는 교서를 반포하였다.

이성계 일당의 우려와 달리 주원장은 이성계의 찬탈을 문제 삼지 않고 인정하였다.

주원장은 신하의 왕위 찬탈을 극악한 범죄로 인식하는 자였다. 그의 이러한 태도는 맹자의 제사를 금지한 일화에서 잘 드러난다.

홍무 3년(1370) 주원장은 처음으로 『맹자』를 읽고 대노했다. 맹자는 군주가 천명(天命)을 위반할 때는 방벌(放伐)해도 좋다는 역성혁명론을 주장했기 때문이다. 주원장은 맹자를 공자의 정배(亭配)로부터 **빼도록** 하면서 만일 이를 간(諫)하는 자가 있다면 불경죄로 다스린다는 조서를 내렸다.

형부상서 전당(錢唐)이 항소하다가 화살형을 당하였다. 전당은 수레를 끌면서 가슴에 화살을 맞고 "신이 맹가(孟軻 : 맹자의 이름)를 위하여 죽으면 오히려 영광입니다."라고 외쳤다. 이에 감동한 주원장은 전당을 치료하게 하고 맹자의 제사를 회복시켰다. 그러나 이후 『맹자』에 나오는 탕왕(湯王)과 무왕(武王)의 방벌에 대한 대목은 모두 삭제한 『맹자절요』를 간행하여 일반에 읽게 하였다.

주원장은 주변 국가의 역성혁명에 대해서도 철저히 거부감을 드러냈다.

홍무 24년(1391) 점성국(占城國)에서 왕위 찬탈이 발생하자 주원장은 점성국의 조공을 거부했다. 홍무 26년(1393) 베트남에서 신하인 레뀌리(黎季犛)가 진씨(陳氏) 왕조를 무너뜨리자 주원장은 조공을 금지하였으며 다음 해 다른 경로로 온 조공도 거절하였다.

 이러한 주원장이 이성계의 찬탈을 순순히 승인한 것은 이성계가 요동 원정에 반대하여 회군한 때문이었다. 요동을 자국 영토로 인식하는 왕조, 명에 대한 무력 대응을 불사하는 왕조, 훗날 몽고가 다시 세력을 키울 경우 그와 동맹할 가능성이 있는 왕조인 고려 왕조의 존속은 잠재적으로 명의 안보에 심각한 위협이었다. 고려 왕조는 명의 안녕을 위하여 소멸되어야 했다. 그러기 때문에 주원장은 이씨 조선의 성립을 천명론으로 합리화했다.

 윤석열은 2016년 12월에 시작된 특검 수사팀장으로 갈고닦은 능력을 십분 발휘했다. 이는 이성계 일당이 집권 과정에서 보여준 능력과 내준신 무리의 재주를 합친 것 이상이었다.

적폐수사

윤석열이 2017년 5월 서울지방검찰청 검사장이 된 후 박근혜 정부 인사를 대상으로 한 이른바 '적폐수사' 역시 일반인의 상식으로는 이해하기 어렵다.

중국 측천무후 집권기 혹리(酷吏 : 무자비하고 혹독한 관원) 내준신(來俊臣, 651~697)이 자행한 수사와 같다.

당 제국 3대 황제 당 고종의 황후 측천무후(則天武后)는 중국 유일의 여황제로 무리하게 제위에 오르고 지키는 과정에서 혹리를 대거 기용했다.

【역대 중국에서 관리들은 법 집행을 느슨히 하고 융통성이 있는 순리(循吏)와 사정을 보지 않고 법령을 엄격히 집행하는 혹리(酷吏)로 나눈다.】

측천무후의 집권기는 중국 정치의 참모습을 가장 잘 보여준 시기이다.

정관(貞觀) 11년(637) 무씨 성을 가진 만 13세 소녀가 당 태종 이세민(李世民)의 후궁으로 입궁하였다. 품계는 사품(四品) 재인(才人)으로 이세민에게 '미(媚)'라는 이름을 받아 '무미랑(武媚娘)'이라고 불렸다. 무미랑이 훗날의 측천무후이다.

측천무후는 무덕(武德) 7년(624) 정월 당(唐)의 수도 장안(長安)에서 당의 건국 공신(功臣)인 무사확(武士彠)의 둘째 딸로 태어났다. 무사확은 병주(幷州) 문수현(文水縣) 출신으로 목재상으로 큰 부자가 되었다. 그는 당 고조 이연(李淵)이 거병하자 그를 지원했다. 이연이 제위에 오르자 원종공신(元從功臣)으로 우대받으며 공부상서(工部尚書), 이주(利州)와 형주(荊州) 도독(都督) 등을 지냈다.

649년 이세민이 병사하자 무미랑은 황실의 관습에 따라 감업사(感業寺)로 출가하였다.

651년 당 고종(高宗) 이치(李治)의 후궁으로 다시 입궁하였고, 655년 왕 황후를 몰아내고 황후가 되었다. 무후는 이치와의 사이에서 4남 2녀를 낳았다.

【장남 이홍(李弘) 652년 생, 장녀 안정공주(安定公主) 654년 생, 차남 이현(李賢) 655년 생, 삼남 이현(李顯) 656년 생, 사남 이단(李旦) 662년 생, 차녀 태평공주(太平公主) 665년 생.】

656년 황태자 이충(李忠, 643~664)을 폐위시키고 자신의 장남인 이홍을 황태자로 앉혔다.

황후가 된 무후는 정무에 깊이 관여하여 원로대신 장손무기(長孫無忌, ?~659), 저수량(褚遂良, 596~658), 우지녕(于志寧) 등을 몰아내고 신진세력을 등용해 권세를 늘렸다. 664년부터는 실질적으로 중국을 통치하였다.

675년 고종의 병세가 악화하자 무후는 섭정이 되어 전권을 행사했으며, 이해 태자 이홍이 죽자 둘째 아들인 이현을 태자로 세웠다. 이가 장회태자이다.

【학문적 소양이 뛰어난 장회태자는 『후한서(後漢書)』에 주석을 달았다.】

680년에는 이현을 폐위시키고 셋째 아들인 이현을 황태자로 세웠다. 장회태자는 유폐되었다.

683년 12월 당 고종 이치가 향년 56세로 사망하여 태자 이현이 즉위했다. 그의 묘호는 중종(中宗)이다.

이치를 닮아 우유부단한 중종은 황후의 아버지인 위현정(韋玄貞)을 시중(侍中)으로 발탁하여 측천무후의 노여움을 샀다.

684년 정월 무오일 측천무후는 중종을 폐위시켰다. 즉위한 지 54일 만의 일이었다. 이어 자신의 넷째 아들인 예왕(豫王) 이단을 즉위시키니 묘호가 예종(睿宗)이다. 그러나 별전에 거처하여 정치에는 일체 관여하지 못했다.

3월 측천무후는 좌금오위장군(左金吾衛將軍) 구신적(丘神勣)

을 보내어 파주(巴州)에 유배되어 살던 장회태자 이현을 죽였다.

언제 죽을지 모르는 자신의 처지를 빗대어 장회태자는 황대과사(黃臺瓜辭 : 황대의 오이)라는 노래를 지었는데, 그 가사를 안 측천무후가 노하였고 중종을 폐위시킨 후 모반을 우려했다.

황대 밑에 오이를 심었더니	種瓜黃台下
오이가 익어 열매가 축 늘어졌네	瓜熟子離離
한 개 따갈 때는 오이도 좋았지만	一摘使瓜好
두 개 따갈 때는 오이도 드물어지고	再摘令瓜稀
세 개 따갈 때는 아직 희망이 있었는데	三摘尚自可
네 개 따가고 나니 넝쿨만 남았네	摘絶抱蔓歸

측천무후는 구신적에게 죄를 떠넘겨 그를 첩주(疊州) 자사로 좌천시켰다.

9월 갑인일 측천무후는 낙양을 신도(神都)라 이름 붙여 실질적인 수도로 삼았는데, 이는 장안이 기반인 당의 지배집단인 관롱집단을 약화시키려는 조치였다.

9월 정축일 측천무후의 전횡에 이(서)세적의 손자인 서경업(徐敬業), 서경유(徐敬猷) 형제가 일부 황족들과 연합하여 양주(揚州)에서 거병했다. 호응하는 무리가 10만이었으나 40일 만에 30만 토벌군에 무너졌다. 흑치상지는 강남도 행군대총관(江南道行軍大總管)으로 임명되어 진압에 공을 세웠다.

흑치상지와 토번·돌궐

백제 출신의 항장 흑치상지는 주로 토번과 돌궐과의 전쟁에서 무공을 세웠다.

678년 9월 병인일 하원도 경략대사(河源道 經略大使) 이경현(李敬玄)이 지휘하는 당군 18만은 청해의 초원지대에서 가르친링이 지휘하는 토번군에 참패했다. 이를 승풍령(承風嶺) 전투라 부른다. 흑치상지는 이때 이경현(李敬玄)을 따라 처음으로 종군했다. 공부상서(工部尙書)이며 수군대사(水軍大使)인 유심례(劉審禮 : 유덕위의 아들)가 선봉장으로 나서다 포로가 되었고, 나머지 당군은 포위되어 퇴로를 찾을 수 없었다. 흑치상지가 밤에 결사대 500을 이끌고 토번군 진영을 습격해 무사히 후퇴할 수 있었다.

당 황제 이치는 흑치상지에게 좌무위장군 직을 내렸다(당의 이이제이 정책은 중국 역대 왕조 가운데 가장 성공적이었다. 특히 이민족 출신의 장수를 대외원정에 나서게 해 큰 성과를 보았다. 고구려와 백제 출신의 무장들도 많은 활약을 했는데, 백제 출신 가운데는 흑치상지가 대표적이다. 흑치상지는 주로 토번과의 전쟁에서 전공을 올렸다.).

그러나 679년에 가서는 당군이 토번의 동맹국인 서돌궐을 격파해 그 카간을 사로잡았다. 이에 토번이 군사를 양비천(良非川)에 주둔시키자 흑치상지는 하원도 경략부사(河源道 經略副使)로 출전했다. 3만의 토번군은 이경현이 지휘하는 당군에 승리했으나 흑치상지가 이끄는 기병 3천의 야습을 받고 패주했다. 이 공적으로 흑치상지는 이경현을 대신하여 하원도 경략대사가 됐다. 그 뒤 흑치상지는 하원(河源 : 하원은 황하의 원류라는 뜻으로 지금의 청해 서녕시 일대)에 주둔해 토번의 침공에 대비했다.

> 681년 토번이 청해에 들어와 진영을 설치하자 흑치상지는 1만 기병을 지휘해 격퇴했고 이 공적으로 좌응양위대장군(左鷹揚衛大將軍) 연연도부대총관(燕然道副大總管)이 되었다.
> 이후 그가 청해에 주둔하는 동안 토번의 침략은 없었다.
>
> 흑치상지는 돌궐과의 전쟁에서도 전공을 세웠다.
> 686년 돌궐군이 당을 공격해 오자 흑치상지는 군을 이끌고 양정(兩井)에서 돌궐군을 격퇴했다. 얼마 지나지 않아 흑치상지는 현재의 외몽골 지역을 관할하는 연연도대총관(燕然道大總管)에 임명됐다.
> 687년 일 테리쉬 카간이 삭주(朔州)로 침입하자, 이다조(李多祚)와 왕구언(王九言)을 부장으로 삼아 황화퇴(黃花堆 : 산서성 산양현 동북에 소재)에서 돌궐군을 격퇴했다. 이 공적으로 흑치상지는 연국공(燕國公)에 봉해져 식읍 3천 호를 받았다.

서경업의 반란에 연좌되거나 무고로 많은 사람들이 죽었다.

서경업의 난이 있은 후 측천무후는 천하 사람들이 대부분 자기를 도모할 거라고 의심했다. 그리하여 밀고하는 문을 크게 열었다.

농부나 나무꾼일지라도 밀고하는 자는 역마(驛馬)를 제공하고 5품관의 대우에 의거하여 음식을 제공했다. 낙양에 도착하면 외국 사신들을 위한 숙소인 사빈시의 객관(客館)에 묵게 했다. 관리들은 밀고자에게 어떠한 질문도 할 수 없었다. 밀고자는 측천무후를 알현할 수 있었고 말한 것이 무후의 뜻에 맞으면 벼슬을 주었고, 무고(誣告)로 판명되어도 문책하지 않았다.

이는 힘없는 백성들과 최고 권력자 측천무후 사이의 직통 언로가 열린 것으로 긍정적인 면도 있었다. 측천무후에 대한 지지율이 올라갔다. 측천무후는 단숨에 불리한 국면을 전환시키고 두 마리 토끼를 잡았다. 서민의 마음을 사로잡고 자신에게 반감을 가진 기득권층을 꼼짝 못 하게 만들었다.

측천무후는 밀고 사건을 처리하려 많은 혹리를 기용했는데, 『구당서(舊唐書)』에 대표적인 혹리 27인의 열전이 실려 있다. 내자순(來子珣), 만국준(萬國俊), 왕홍의(王弘義), 후사지(侯思止), 곽패(郭霸), 초인단(焦仁亶), 장지묵(張知默), 이경인(李敬仁), 당봉일(唐奉一), 내준신, 주흥(周興, ?~691), 구신적(丘神勣, ?~691), 삭원례(索元禮, ?~691), 조인철(曹仁哲), 왕경소(王景昭), 배적(裴籍), 이진수(李秦授), 유광업(劉光業), 왕덕수(王德壽), 굴정균(屈貞筠), 포사공(鮑思恭), 유경양(劉景陽), 왕처정(王處貞) 등이다.

이들은 그 행적으로 보아 혹리가 아니라 살수(殺手)라 해야 마땅하다. 이들 중 삭원례, 주흥, 내준신이 유명하다.

삭원례는 호인(胡人 : 페르시아인 또는 소그드인)으로 고문 전문가였다.

684년 9월 서경업이 거병하자 측천무후는 밀고를 장려했는데, 이때 삭원례가 발탁되어 유격장군(遊擊將軍)이 되었다. 측천무후는 삭원례에게 옥송(獄訟 : 형사 소송)을 심리하도록 했는데, 밀고자가 지목한 자들을 추국(推鞠)하도록 했다. 삭원례는 품성이 잔혹하여 한 사람을 추국하면 수십, 수백 인을 연좌시키니 관리와 선비들이 이리, 범보다 더 두려워했다.

　삭원례는 어떤 고문 방식이 인간의 육체적, 심리적 고통을 최대한 끌어올릴 수 있는지 훤히 꿰고 있었다. 삭원례가 개량하거나 발명한 고문 방법은 정백맥(定百脈), 돌지후(突地吼), 사저수(死豬愁), 구파가(求破家), 반시실(反是實), 실혼담(失魂膽), 실동반(實同反), 구즉사(求即死), 봉황쇄시(鳳凰曬翅), 여구발궤(驢駒拔撅), 선인헌과(仙人獻果), 옥녀등제(玉女登梯) 등이다.

　정백맥은 커다란 칼을 목에 씌워 온몸을 움직이지 못하게 하는 것이고, 천부득은 식초를 코에 부어 숨을 쉬지 못하게 하는 고문이다. 돌지후는 대가(大枷 : 큰 형틀)에 거꾸로 매달아 돌리는 것인데, 높이를 조절하여 땅에 부딪히게 하기도 한다. 그리하여 형을 받는 사람은 위로 토하고 아래로 싼다. 이어 사지의 마비가 온다. 허위 자백이라도 하지 않으면 계속 돌린다. 형을 받는 사람은 고통으로 의식을 잃고 깨기를 반복한다.

　봉황쇄시는 서까래로 손과 발을 채워서 꼼짝 못 하게 하고 굴리는 고문이고, 여구발궤는 물건을 허리에 묶어 뒤에 칼이 달린 형틀을 끌고 앞으로 나가도록 하는 것이고, 선인헌과는 무릎을 꿇게 한 다음 칼이 달린 형틀을 들어 올리게 하고 그 위에 벽돌을 쌓아올리는 고문이다.

　옥녀등제는 큰 나무를 세운 다음 칼이 달린 형틀의 끝을 당기도록 하여 뒤로 가도록 하는 것이다. 이외에 철롱두(鐵籠頭)를 쓰는 고문이 있었다. 철롱두는 굵은 철사로 만든 새장 모양의 투구이다. 이 형구는 용의자를 신문할 때, 철롱두를 머리에 씌운 다음 쐐기를 박는데 뇌가 파열되어 골수가 나오기까지 한다.

측천무후는 자주 삭원례를 소견하여 상을 많이 주고 권한을 늘려주었다. 이에 삭원례는 관작으로 유혹하여 밀고를 장려했는데, 그로 인해 살육된 이가 수천이었다.

이에 주흥이 삭원례를 본받아 악명을 떨쳤다.

주흥은 장안 사람으로 어릴 때부터 법률을 익혀 밝았다. 고종 치세에 하양현(河陽縣)의 현령이었다. 상서성(尙書省)의 도사(都事)가 되었다. 사형소경(司刑少卿)과 추관시랑(秋官侍郞) 등을 거쳤다. 수공(垂拱, 685~688년 사이에 쓰인 연호) 이래 여러 차례 측천무후가 맡긴 옥사를 판결하면서 억지로 죄를 씌워 수천 명에게 피해를 주었다.

686년 3월 측천무후는 시어사 어승엽(魚承曄)의 아들 어보가(魚保家)의 제안에 따라 투서함인 동궤(銅匭)를 만들라고 명령했다.

어보가는 서경업에게 칼과 전차, 쇠뇌 제조법을 가르쳐주었는데, 서경업의 난이 실패하고도 죽임을 면했다. 측천무후가 사람들 사이의 일을 두루 알고 싶어 하자 어보가는 구리로 상자를 만들어 모든 사람이 밀주(密奏)를 할 수 있도록 하라는 글을 올렸다.

네 가지 색 – 청, 백, 흑, 단(丹) – 으로 동궤를 만들어 청색 동궤는 '延恩(연은)'이라 이름 붙이고 조당(朝堂)의 동쪽에, 백색 동궤는 '신원(伸冤 : 억울한 일을 품)'이라 이름 붙여 조당의 서쪽에, 흑색 동궤는 '통현(通玄 : 사물의 깊은 이치를 깨달음)'이라 하여 조당의 북쪽에, 단색 동궤는 '초간(招揀)'이라 하여 조당의 남쪽에 놓게 했다.

연은에는 부(賦)와 송(頌)을 지어 넣거나 벼슬을 얻으려는 자들이 자천하는 글을 넣도록 했다. 신원은 억울한 일을 호소하는 투서, 초간은 시정의 득실을 논하는 글을, 통현은 천상재변(天象災變)과 군기(軍機)에 관한 투서를 하게 했다.

【동궤를 배치한 지 얼마 지나지 않아 어보가에게 원한을 가진 자가 밀고했다. 어보가가 서경업에게 제작해 준 병기로 인해 많은 관군들이 살상되었다는 내용이었다. 어보가는 주살되었다.】

혹리의 활약상은 688년에 정점을 찍었다.

측천무후가 제위에 오를 생각으로 종실 인사들을 차츰 제거하니 수공(垂拱) 4년(688) 8월 임인일(17일) 박주자사(博州刺史, 박주는 지금의 산동성 제녕濟寧) 낭야왕(琅邪王) 이충(李沖)이 측천무후에 반대해 군사를 일으켰다. 이충은 이세민의 아들인 월왕(越王) 이정(李貞)의 아들이다. 예주자사(豫州刺史, 예주는 지금의 하남성 여남汝南) 월왕 이정은 아들인 이충이 거병하였다는 소식을 듣고 거병했다.

측천무후는 좌금오위장군(左金吾衛將軍) 구신적(丘神勣)을 청평도행군대총관(淸平道行軍大總管)으로 보내어 진압하게 했다.

이충은 병사 5천을 거느리고 무수현(武水縣)를 치다가 함락에 실패하고 박주로 돌아갔는데, 무신일(23일) 성문에 이르자 성문을 지키는 자에게 피살되었다. 거병한 지 6일 만이었다.

9월 초하루 측천무후는 좌표도위대장군(左豹韜衛大將軍) 국숭유(國崇裕)를 중군대총관, 잠장천(岑長倩)을 후군대총관으로 삼아 병사 10만을 거느리고 토벌하도록 했다. 국숭유의 토벌군이 예주성을 포위하자 성안에서 항복하러 성벽을 넘는 자가 매우 많았다. 성을 지킬 가능성이 없자 월왕 이정과 그 처자는 모두 자살했다. 측천무후는 이들과 이충의 목을 낙양 궁궐 아래 효수하였다. 측천무후에 대항하여 거병하려는 친왕들이 여럿 있었으나 거사 날짜가 확정되지 않은 가운데 낭야왕 이충이 섣불리 홀로 군사를 일으키니 맥없이 실패하고 말았다.

낭야왕 이충과 월왕 이정의 거병이 진압되자 당의 종실은 거덜났다.

진압 후 측천무후는 종실(宗室)의 제왕(諸王)을 연좌시켜 죽이기 위해 감찰어사 소향(蘇珦)에게 이 일을 맡겼다. 소향이 증거 위주로 수사하자 측천무후는 주흥 등에게 수사하도록 했다. 한왕(韓王) 이원가(李元嘉), 노왕(魯王) 이령기(李靈夔), 황공(黃公) 이선(李譔), 상락장공주(常樂長公主)를 체포하고 위협하니 모두 자살했다. 측천무후는 그 친족도 모두 베어 죽였다.

【상락장공주는 당 고조 이연의 19녀로 당 고종의 고모가 된다. 월왕 이정이 장차 거병하려고 사자를 보내어 상락장공주의 남편인 수주자사(壽州刺史) 조괴(趙瓌)에게 알렸다. 상락장공주가 사자에게 말했다.

"나를 위하여 월왕에게 말해 주시오. 옛날 수 문제가 장차 주나라 황실을 찬탈하려 하면서 울지형(尉遲逈)이 주 황실의 생질이지만 오히려 군사를 일으켜 사직을 바르게 하고 구제하려 했고, 성공은 못했지만 위세를 해내에 떨쳤으니 충분히 충성스럽고 열렬하였소.

하물며 당신들 친왕들은 먼저 돌아가신 황제의 자식으로 어떻게 사직을 마음에 두고 있지 않을 수가 있겠소? 지금 이씨들의 위기는 아침 이슬과도 같은데, 당신들 친왕들은 목숨을 버리더라도 정의를 취하려 하지 않고, 오히려 미적미적하며 군사를 일으키지 않는데, 무엇을 기다리는 것이오? 또 재난은 이르렀으니, 대장부는 마땅히 충성스럽고 옳은 귀신이 되어야 하며 헛되이 죽어서는 안 됩니다."】

수백 집안이 주살되거나 유배 내지 적몰되었다. 일단 체포 투옥되면 진실은 중요하지 않았다. 끔찍한 고통에 못 이겨 서로가 서로를 고변했고, 무고가 판을 쳤다.

동료나 친구조차 믿을 수 없는 극심한 공포의 시대였다. 혹리들에 의해 686~689년까지 수천 명의 관리가 처형되었다. 종실이 34명, 무씨 가문에서 23명이 처형되었다.

우무위대장군 흑치상지는 영창(永昌) 원년(689) 주흥의 무고로 투옥되었다가 10월 9일(무오일, 양력 11월 26일) 교형에 처해졌다. 향년 60세였다.

이때에 살수로 최고의 악명을 떨치는 내준신이 등장했다.

내준신은 옹주(雍州) 만년현(萬年縣) 출신이었다. 아비는 내조(來操)인데, 박주(博州)로 이주하여 채본(蔡本)과 벗이 되었다. 내조는 채본의 처와 내연 관계가 되었다. 내조는 채본과 도박을 하여 돈을 수십만 따게 되었다. 채본은 돈이 없어 결국 처를 내조에게 보내어 채무를 대신했다. 이렇게 채본의 처는 내조의 처가 되었다. 그런데 채본의 처는 그에게 넘어올 때 이미 임신을 하고 있었다. 이렇게 태어난 아이가 내준신이었다.

내준신은 흉악하여 일을 하지 않고 사람을 해치는 강도짓을 반복하였다. 결국 내준신은 화주(和州)에서 강도 강간으로 투옥된다. 내준신이 감옥에서 열중한 일은 근거 없이 밀고하는 일이었다. 이에 화주자사인 동평왕(東平王) 이속(李續)은 내준신에게 장 100대의 처벌을 내렸다.

영창 원년(689) 동평왕 이속이 주살되니, 내준신은 다시 밀고하는 글을 동궤에 넣었고 측천무후는 내준신을 직접 불러 보았다. 측천무후는 그가 충성스럽다고 보고, 종8품의 사형평사(司刑評事)에 임명했다. 사형평사는 형사피고인의 취조, 판결문 작성, 옥사관리 등의 일을 맡는 직책이다.

악귀라 할 수 있는 혹리들을 내세워 자신을 반대하던 기득권층을 제거한 측천무후는 아들 예종을 폐위시키고 690년 중양절(重陽節 : 9월 9일) 황제로 즉위했다. 이때 나이가 만 66세로 역대 중국 황제 가운데 최고령 즉위였다. 나라 이름을 '주(周)'라 하고 수도를 장안에서 낙양(洛陽)으로 정식으로 옮겼다. 그리고 연호를 천수(天授)라 개원했다.

역사가들은 이를 고대의 주(周, B.C. 1046~B.C. 771)와 구분하여 '무주(武周)' 즉 무씨의 주라고 부른다.

측천무후는 과거제도를 정비해 적인걸(狄仁傑) · 요숭(姚崇) · 송경(宋璟) 등의 인재를 등용하였으며, 행정 체계를 대대적으로 정비하였다. 무후는 반대파를 매우 엄격히 감시하고 통제하는 공포정치를 실시했지만, 상대적으로 백성들의 생활은 안정되었다.

측천무후가 제위에 오르자 주흥은 상서좌승(尙書左丞)이 되었다. 주흥은 이씨 종정의 속적(屬籍)을 없애라고 상서했다.

천수 2년(691) 측천무후는 민심을 달래려고 악함이 지나쳐 원성이 자자한 삭원례, 주흥, 구신적을 처벌했다.

10월 구신적이 투옥되었는데, 곧 복주(伏誅)되었다.

구신적은 첩주자사로 좌천되었다가 다시 조정으로 돌아와 무삼사, 무승사, 내준신, 주흥 등과 함께 뇌물을 받고 법을 어기면서 무고한 사람들을 모함해 함부로 죽였다.

낭야왕 이충이 거병하자 측천무후는 구신적을 청평도 행군대총관으로 임명하였는데, 구신적은 박주에 당도하여 관리들을 모두 죽였고, 좌금오위대장군(左金吾衛大將軍)이 되었다. 이후 691년에 내자순, 왕홍의 등과 모반을 했다는 무고를 받아 투옥되었다.

측천무후는 문창우승 주흥이 구신적과 모반을 꾀한다는 밀고를 받고, 내준신에게 이 사건을 엄히 조사하도록 했다.

주흥은 자신이 밀고 된 줄도 모르고 내준신과 식사를 하게 되었다. 내준신이 "죄수 가운데 불복하는 이가 많으니 어떤 방법으로 하여야 마땅합니까?" 하고 물으니 주흥은 "아주 쉽네. 큰 독을 가지고 와서 숯을 사방에 둘러놓고 구우면서 죄수로 하여금 독 안으로 들어가도록 하면 무슨 일이든 승복하지 않겠는가?"라고 대답했다.

이에 내준신이 큰 독을 가져와 주흥이 말한 것처럼 하고는 일어나면서 주흥에게 말했다.

"황궁에서 온 문서가 있는데, 형을 조사하라 하니, 바라건대 형께서는 이 독에 들어가십시오. [請君入甕]"

주흥은 두려움에 떨며 머리를 땅에 두드리고 모반했다고 자백했다.

주흥은 투옥되었다. 마땅히 주살되어야 했으나 측천무후가 특별히 처형을 면하고 영남(嶺南)으로 유배 보냈다. 주흥은 유배 길에 원한을 가진 자에게 살해되었다.

삭원례도 같은 시기에 피살되었다.

측천무후의 명에 따라 형리가 신문하였다. 삭원례는 무고한 이들을 함부로 죽인 일을 완강히 부인했다. 형리가 "公이 만든 철롱두를 가져오겠습니다. [取公鐵籠來]" 하니 자복하였다. 삭원례는 옥에서 다른 죄수들에게 맞아 죽었다.

주흥과 삭원례에게 피살된 자가 각각 수천 인이었다.

내준신은 시어사(侍御史) 후사지, 왕의홍, 곽패, 이인경(李仁敬), 사형평사 강위(康暐), 위수충(衛遂忠) 등과 더불어 악행을 하고 서로 도왔다.

내준신은 무뢰배 수백을 모아 무고한 사람을 엮어 무함(誣陷 : 없는 사실을 그럴듯하게 꾸며서 남을 어려운 지경에 빠지게 함)했다. 여러 곳에서 같은 내용으로 모함하여 정말로 죄가 있는 듯이 상하를 속였다. 이에 "내준신에게 신문을 맡기면 사건의 실정을 알게 된다."는 말이 나왔다.

측천무후는 황궁의 문 가운데 하나인 여경문(麗景門)에 별도로 추사원(推事院)을 설치하여 내준신이 신문하도록 했다. 여경문에 들어서면 온전히 나갈 수가 없었다. 그리하여 왕홍의는 농담으로 여경문을 '예경문(例竟門)'이라 불렀다. 예경문의 '예'는 관례(慣例)를 의미하고, '경'은 끝나는 것을 의미한다. 그러므로 '예경문'은 뜻이 "이 문을 들어서게 되면 관례에 따라 생명은 끝난다."가 된다.

692년 내준신이 연개소문의 손자 연헌성(淵獻誠, 651~692)에게 뇌물을 요구하였으나, 연헌성은 응하지 않았다. 내준신은 이에 앙심을 품고 연헌성이 모반을 꾀했다고 모함하였다. 결국 연헌성은 교형에 처해졌다.

내준신은 수인(囚人)을 신문할 때 혐의의 경중을 가리지 않고 늘 식초를 코에 붓고 가축우리에 가두었다. 혹은 항아리에 넣고 그 주위를 불로 둘러 데웠으며 수인을 굶겨 솜옷을 뜯어먹는 지경에 이르게 했다. 또한 똥 위에 드러눕게 하는 등 온갖 고통을 주었다. 죽지 않는 한 옥에서 나갈 수 없었다. 내준신은 사면령이 내려도 옥졸이 중죄수를 모두 죽인 다음에야 사면령이 내렸음을 알렸다.

내준신은 심리전에 능했다. 신문하기 전에, 수인의 귀천을 가리지 않고 모든 형구를 끌어내어 보여주었다. 형구를 보면 수인은 혼비백산하여 고문을 피하려, 내준신의 뜻대로 진술하였다.

측천무후가 내준신에게 상과 보수를 두터이 주니, 옥리들은 다투어 내준신을 따라 했다. 이리하여 방방곡곡에서 밀고하는 자들이 낙양으로 몰려와 길이 메워질 지경이었다.

이러니 조정의 관리들은 몸을 지키기에 급급했다. 밤에 신발을 벗으면서, 다음 날 다시 신을 수 있을지 아무도 장담하지 못했다. 아침에 일어나서 조정에 나가는 때에는 더욱 근심이 많았다. 언제 어느 곳을 지나가다 붙잡힐지, 언제 어느 때 온 집안이 멸문의 화를 당할지 알 수 없었기 때문이다. 그리하여 관리들은 조회에 참석하기 전에 집을 나오면서 가족들에게, "다시 볼 수 있을지 알 수 없구나."라고 말하곤 했다.

내준신은 사민(士民)의 처나 첩이 아름다우면 온갖 방법으로 빼앗았다. 사람을 시켜 무고하도록 하고, 칙서를 위조하여 그 처를 빼앗았다.

내준신은 즐겨 뇌물을 받아 위리(衛吏) 기이충(紀履忠)에게 고발되어 투옥되었다. 장수(長壽) 2년(693) 측천무후는 내준신을 다시 어사중승에 임명했다. 그러나 연재(延載) 원년(694) 다시 뇌물을 받은 것이 드러나 동주참군(同州參軍)으로 좌천되었다.

만세통천(萬歲通天) 원년(696) 측천무후는 내준신을 불러 사농소경(司農少卿)에 임명했다.

【이해에 거란족 이진충의 봉기가 있었고 고구려 유민이 합류했다. 698년 대조영이 지휘하는 고구려 유민은 추격하는 당군을 천문령에서 대파하고 발해를 건국했다. 이는 측천무후가 당의 건국 주도세력인 관롱 집단(=무천진 군벌)을 철저히 숙청하여 유능한 장군들이 소멸한 덕이 크다.】

697년 내준신이 처형되었다.

내준신은 하동 사람 위수충(衛遂忠)의 오랜 친구였다. 위수충은 이름이 높지는 않았으나 학문을 좋아했다.

하루는 위수충이 술을 들고 내준신을 찾아갔다. 내준신은 처가 사람들과 연회를 열려 하고 있었다. 문지기는 그를 그냥 돌려보내려고, 내준신이 출타했다고 말했다. 위수충은 거짓임을 알고는 집안으로 들어가 내준신을 비난하고 모욕했다. 이 일로 내준신과 위수충은 사이가 벌어졌다.

스스로를 지키기 위하여 위수충은 무씨 여러 왕에게 의탁하기로 한다. 측천무후의 조카 무승사에게 내준신의 여러 죄를 알렸다.

이에 내준신은 무씨의 여러 왕과 측천무후의 외동딸 태평공주를 엮어 모반으로 고발하려 했다. 이는 방자해진 내준신의 자살 행위였다. 태평공주는 차녀이지만 언니 안정공주가 1세도 되지 않아 죽어 외동딸이었다. 용모와 성격이 측천무후를 닮아 가장 총애를 받았고 국정을 보좌했다.

이에 무씨 여러 왕과 태평공주 등이 내준신을 투옥시켰다. 태평공주는 유사(有司)에게 사형을 선고하도록 했다. 전통적으로 중국에서 사형 집행은 황제의 재가가 있어야 한다. 측천무후는 내준신의 사형 집행을 망설였다.

측천무후가 궁원(宮苑)을 거닐 때 길욱(吉頊)이 말고삐를 잡고 있었다. 무후가 밖의 일을 묻자 길욱이 말했다.

"밖의 사람들은 다만 내준신에 대한 주문(奏文)이 내려오지 않는 것을 이상히 여깁니다."

"내준신은 나라에 공이 있는데, 짐은 이를 생각한다."

"내준신은 착하고 어진 사람에게 죄를 씌우며 뇌물을 감추어 둔 것이 산과 같고, 억울한 원혼이 길에 가득 차 넘치게 하였으니 나라의 도적입니다. 어찌 애석한 바가 있겠습니까?"

측천무후는 처형하라고 주문을 내렸다.

6월 정묘일 내준신은 기시(棄市)되었다. 원한이 있는 사람들은 다투어 그 살을 씹어 먹었고 금세 없어지자 눈을 후벼 파고 얼굴 가죽을 벗겼고 배를 갈라 심장을 꺼냈다. 올라타고 밟아서 시체가 곤죽처럼 되었다.

측천무후는 세인의 증오를 알고는 제서(制書)를 내렸다.

"마땅히 일족을 멸하도록 주살하는 것에 더하여 창생(蒼生)의 분노를 씻어주고 법에 준거하여 그 집을 적몰(籍沒 : 중죄인의 재산을 몰수하는 일)하도록 하라."

측천무후가 내준신을 총애한 까닭과 문재인이 윤석열을 총애한 이유는 같다.

내준신의 최후는 기시형에 적몰이었다. 내준신의 환생이라 할 수 있는 윤석열의 최후가 내준신과 다르다면 대한민국의 미래는 암담하다.

『나직경(羅織經)』의 세계

내준신은 일당인 주남산(硃南山) 무리와 함께 죄를 조작하여 무고한 사람을 얽어매는 기술을 서술한 『나직경(羅織經)』을 지었다.

'羅(새 그물 라)'는 기본 뜻이 '새를 잡는 데 쓰는 그물[捕鳥網]'인데 동사로는 '새를 그물로 잡다'라는 의미이다. '織(짤 직)'은 기본 뜻이 '(피륙을) 짜다'이다. '나직'은 무고한 사람을 무함하여 법으로 엮어 맨다는 뜻으로 쓰이게 되었다.

『나직경』은 전문적으로 죄를 엮어내고, 죄인으로 만들려는 상대와 두뇌 싸움을 하는 수법을 다룬 책으로 용어가 간결하다.

『나직경』은 모두 12장으로 매 주제마다 1장씩 서술했다.

각 장의 제목은 열인(閱人 : 사람을 검열함), 사상(事上 : 군주를 섬김), 치하(治下 : 부하를 다스림), 공권(控權 : 권력을 끌어당김), 제적(制敵 : 적을 제압함), 고영(固榮 : 부귀영화를 공고히 함), 보신(保身 : 자신의 몸을 보존함), 찰간(察奸 : 간사한 자를 살핌), 모획(謀劃 : 모략을 계획함), 문죄(問罪 : 죄를 물음), 형벌(刑罰), 과만(瓜蔓 : 연루시킴)이다.

이는 인류 역사 이래 억울한 사건을 만들어내는 첫 번째 경전

일 수도 있다.

'과만'에서는 내준신이 자신의 경험을 종합했다.

"사건은 크지 않으면 사람을 놀라게 할 수 없다. 사안이 여러 사람에 미치지 않으면 공로가 드러나지 않는다. 윗사람은 이렇게 해야 안심하는 것이고, 아랫사람을 총애하게 된다. 그러므로 이렇게 하는 것은 어쩔 수 없다."

이런 사고방식으로 내준신은 측천무후의 뜻을 짐작하여, 일단 자그마한 흔적이라도 나타나면, "무뢰한 수백 명을 모아서, 그 사건을 고발하게 하고, 죄명을 엮어서 온 동네에 일을 벌인다." 또한 누군가를 엮어야겠다고 생각하면, 갖은 방법을 다해 측천무후로 하여금 자신이 엮고자 하는 자에게 관심을 두도록 한다. 일반적인 방법은, 내준신이 수하를 시켜 밀고서를 제출하게 하여 측천무후의 주의를 끈다. 측천무후가 밀고서를 받으면 대부분 내준신을 보내어 처리하게 하므로, 내준신은 상대방을 불러서 고문으로 죄를 인정하게 하는 것이다.

【윤석열은 『나직경』을 들어본 적도 없을 텐데 검사 초년부터 실습으로 체득하여 도가 텄다. 『나직경』은 윤석열의 속마음을 보여주는 열쇠이다.】

다음은 『나직경』 전문이다.

閱人 卷第一

사람의 감정은 속임수가 많고, 세상의 습속에는 거짓이 많으니, 어찌 믿을 수 있으랴?

人之情多矯, 世之俗多偽, 豈可信乎?

공자께서 말씀하셨다. "교묘한 말, 겉꾸미는 얼굴빛, 지나치게 굽신거리는 태도는 좌구명(左丘明)이 수치스럽게 여긴 것으로, 나 역시 부끄러운 일이라 본다."

원한을 숨긴 채 겉으로는 친구인 체하는 사람이야말로 수치스럽다.

子曰 :『巧言、令色、足恭. 左丘明恥之, 丘亦恥之.』
恥其匿怨而友人也.

사람의 욕망은 여러 가지이며, 그 본성은 이기적이다. 일이 이루어지면 그 공을 누리지만, 일이 실패하면 그 책임을 미룬다. 성인도 이를 초월하지 못했으니, 이는 사람의 본성이다.

人者多欲, 其性尚私. 成事享其功, 敗事委其過, 且聖人弗能逾者, 概人之本然也.

욕망이 많으면 탐욕스러워지고, 사사로움만 추구하면 편벽되기 마련이니, 죄악도 따라 생긴다.

백성은 징벌을 두려워하고 관리는 화를 입을까 두려워하니, 자신의 행위를 단속해야 한다. 일단 사태가 변하면 누구도 헤아리기 어렵다.

多欲則貪, 尚私則枉, 其罪遂生.
民之畏懲, 吏之懼禍, 或以斂行. 但有機變, 孰難料也.

해를 당하는 것을 늘 잘 살피지 않으면 자신에게 재앙이 돌아오게 되었을 때 견딜 수 없게 된다.

제나라 환공은 신하에게 빠졌다가 죽고 나서 실로 비참하게 되었고 오왕 부차는 월나라를 존속시켰다가 끝내 오나라를 잃었다.

아버지와 아들보다 더 가까운 사이는 없지만 수양제 양광 같은 역자(逆子)는 늘 있었다. 임금과 신하보다 은혜로운 관계는 없지만 왕망 같은 간신은 끊어지지 않았다.

따라서 사람의 마음에는 속임수가 많으니, 결코 겉모습만 보지 말아야 한다. 세상일은 정이 적으니 착한 자는 이루는 것이 없다.

타인을 믿는 것은 자신을 믿는 것보다 못하니, 다른 사람을 경계할 때는 요행을 바라지 말아야 한다.

이런 이치를 알지 못하면 용렬한 자이지 지혜로운 자라 할 수 있겠는가?

爲害常因不察, 致禍歸於不忍.
桓公溺臣, 身死實哀, 夫差存越, 終喪其吳.
親無過父子, 然廣逆恆有, 恩莫逾君臣, 則莽奸弗絕.
是以人心多詐, 不可視其表, 世事寡情, 善者終無功.

信人莫若信己, 防人毋存幸念.
此道不修, 夫庸爲智者乎?

事上 卷第二

윗사람이 의심하면 아랫사람은 두려워한다.
위아래가 배덕(背德)하면 화가 반드시 일어난다.
爲上者疑, 爲下者懼. 上下背德, 禍必興焉.

높은 자리에 있는 사람은 교만하니, 순종해야만 그의 마음을 안심시킬 수 있다. 윗사람이 걱정할 때 그에게 충성하면 근심을 없애줄 수 있다.

순종할 때는 아부를 피하지 말고, 충성할 때는 간사함을 두려워하지 말아야 한다. 비록 다른 사람의 폄훼를 받아도 그만두지 말아야 한다.

윗사람은 (무엇이나) 너에게 가져갈 수 있고, 생사도 그에게 달려 있으니 어찌 거스를 수 있는가?

그러니 지혜로운 자는 위의 뜻을 잘 간파하고 어리석은 자는 자기 견해를 고집한다.

복과 화가 서로 다른 것은 모두 이 때문이다.

上者驕, 安其心以順. 上者憂, 去其患以忠.
順不避媚, 忠不忌曲, 雖爲人詬亦不可少爲也.
上所予, 自可取, 生死於人, 安能逆乎?

是以智者善窺上意, 愚者固持己見,
福禍相異, 咸於此耳.

군주는 강한 신하를 좋아하지 않는다. 신하는 망령된 생각을 품는 것을 경계해야 한다.
신하가 강하면 죽임을 당하고 망령된 생각을 하면 망한다. 주공(周公)도 이를 두려워했으니, 하물며 보통 사람이랴.
人主莫喜强臣, 臣下戒懷妄念.
臣强則死, 念妄則亡. 周公尚畏焉, 況他人乎

군주는 무조건 지혜로운 것이며 신하 가운데는 아주 현명한 사람이 없는 것이다. 공은 군주에게 돌리고, 죄는 자신에게 돌리라.
(군주에 대한) 경계와 두려움을 버려서는 안 되며, 지혜와 용기를 드러내서는 안 된다. (군주의 뜻이라면) 비록 지극히 친한 이라 하더라도 모질게 관계를 끊어야 하고 (군주를 위하여) 극도로 악한 행위를 저질러야 하더라도 또한 사양해서는 안 된다.
진실로 이와 같이 한다면 군주가 총애할 뿐만 아니라 그 총애가 시들지 아니할 것이다.
上無不智, 臣無至賢. 功歸上, 罪歸己.
戒惕弗棄, 智勇弗顯. 雖至親亦忍絶, 縱爲惡亦不讓.
誠如是也, 非徒上寵, 而又寵無衰矣.

治下 卷第三

기꺼이 아랫사람이 되려는 사람은 드물다. 윗사람이 아랫사람을 관리하는 데 아무 술책이 없다면, 아랫사람은 윗사람에게 맞설 뿐 아니라 그 권력도 빼앗고 만다.

甘居人下者鮮. 御之失謀, 非犯, 則簒耳.

윗사람에게 위엄이 없으면 아랫사람은 난을 일으킨다.

위엄은 예에서 나오지만 형벌을 주어야 믿게 된다. 아랫사람을 놓아주면 (권력을) 잃게 된다. 사람을 사사롭게 대하지 말라. 반드시 모략을 꾸민다.

한 사람만 총애하지 말라. 반드시 해가 된다.

계책을 생각하는 마음과 믿음을 감추고, 아랫사람을 지나치게 가깝게 대하지 않으면, 아랫사람이 위엄을 알고 경외하게 된다.

上無威, 下生亂.

威成於禮, 恃以刑. 失之縱. 私勿與人, 謀必關.

幸非一人, 專固害.

機心信隱, 交接靡密, 庶下者知威而畏也.

아랫사람은 윗사람에게 붙어야만 뜻을 이룰 수 있고, 윗사람은 아랫사람에게 의지해야만 공명을 이룰 수 있다.

아랫사람이 구하는 바가 있으면, 그의 마음은 반드시 위로 나아간다. 그를 끌어올리는 일은 마땅히 천천히 해야지, 빠르면 이

내 만족하고 만다.

윗사람이 쓰고 싶은 사람이 있으면, 친절을 베풀고 예의로 대해야지 그렇지 않으면 도와주는 일이 없게 된다.

下附上以成志, 上恃下以成名.

下有所求, 其心必進, 遷之宜緩, 速則滿矣.

上有所欲, 其神若親, 禮下勿辭, 拒者無助矣.

사람은 좋아하는 것이 있기 마련이니, 상대가 좋아하는 것으로 꾀면 그를 얻지 못할 리 없다. 사람은 두려워하는 것이 있기 마련이니, 그 두려워하는 것으로 핍박한다면 받아들이지 않을 리가 없다.

재능이 쓸 만한 사람은 큰 해악이 아니라면 암암리에 용인해야 한다. 제어할 수 없는 사람은 큰 재능이 있어도 베어 죽여야 한다.

상을 줄 때는 인색하지 말아야 하니, 그렇게 함으로써 그들의 의지를 마비시켜야 한다. 처벌은 시의적절해야 하며, 마음을 경계시켜야 한다. 은혜와 위험을 동시에 베풀고 재능과 덕을 서로 비교한다. 그래도 효과가 없다면 그것은 하늘의 뜻이 아니겠는가?

人有所好, 以好誘之無不取, 人有所懼, 以懼迫之無不納.

才可用者, 非大害而隱忍.

其不可制, 果大材而亦誅.

賞勿吝, 以墜其志. 罰適時, 以警其心. 恩威同施, 才德相較, 苟無功, 得無天耶?

控權 卷第四

 권력, 이것은 사람이 벗어날 수 없는 것이다. 그것을 얻기는 쉽지 않고 지키기는 더욱 어렵다.
 지모가 부족하면 얻을 수 없고, 모략이 있어 권력을 잃어 화를 당하는 생사가 걸린 일이다.
 權者, 人莫離也. 取之非易, 守之尤艱
 智不足弗得, 謀有失竟患, 死生事也.

 하늘의 뜻을 빌어서 일을 해야만 명분이 있으니, 스스로 하늘의 뜻을 끊는 것은 대역의 죄이다.
 백성은 어리석어야 하나 권력을 가진 자에게는 지모가 있어야 한다. 덕을 보이지 않으면, 사람들은 쉽게 따르지 않는다.
 假天用事, 名之順也. 自絶於天, 敵之罪也.
 民有其愚, 權有其智. 德之不昭, 人所難附焉.

 난세에는 유능한 사람을 써야 하지만 천하를 평정하고 나면 제거하여 후환을 없앤다.
 태평한 시대에는 충성스런 사람만 쓰는데, 평범하고 재능 없는 사람이 가장 부리기 쉽다.
 명은 얻기 쉬우나, 실은 반드시 싸워 얻어야 한다. 명과 실이 어그러지면 권력을 잃게 된다.
 권력을 목숨보다 더 좋아하는 사람은 감히 못 하는 짓이 없다.

권력을 넘기지 않으려 하고 권력을 얻으려 수단 방법을 가리지 않는다.

시기는 중요하니 시기가 맞지 않으면 자멸한다. 일은 극단적으로 될 수 있고 인륜도 사라진다.

이익과 봉록으로 얽어매 그들이 조성할 수 있는 위해를 없애고, 헛된 명예로 상을 내려서 그들의 마음을 얻는다.

이렇게 행동한다면 권력을 얻을 것이오, 잃지도 않을 것이다.

亂世用能, 平則去患.

盛事惟忠, 庸則自從. 名可易, 實必爭 ; 名實悖之, 權之喪矣.

嗜權逾命者, 莫敢不爲 ; 權之弗讓也, 其求乃極.

機爲要, 無機自毀 ; 事可絶, 人倫亦滅.

利祿爲羈, 去其實害 ; 賞以虛名, 收其本心.

若此爲之, 權無不得, 亦無失也.

制敵 卷第五

사람에게는 모두 적이 있다. 적이란 이해관계가 서로 충돌하며 삶과 죽음을 서로 용납할 수 없는 관계이다. 이를 살피지 않고서는 벗이 누구인지 판별할 수 없고, 이를 제압하지 않고는 업적을 이룰 수 없다.

이는 커다란 해악이니 반드시 절멸해야 한다.

人皆有敵也. 敵者, 利害相衝, 死生弗容 ; 未察之無以辨友, 非制之無以成業.

此大害也, 必絶之.

군자가 소인을 적으로 하면 그 또한 소인이 되며, 소인이 군자와 벗하면 그 또한 군자가 된다.
명성은 헛된 것이니, 지혜로운 자는 폄훼와 명예에 신경 쓰지 않는다. 이익이 우선인데 어리석은 자는 오직 어질고 착한 명성을 구하려 한다.
君子敵小人, 亦小人也. 小人友君子, 亦君子也.
名爲虛, 智者不計毀譽. 利爲上, 愚者惟求良善.

뭇사람의 적이라 하더라도 나의 적이라 할 필요는 없지만, 군주의 적은 나의 벗이라도 적이다.
친족이라 해도 나와 친하다고 할 수 없다. 형벌을 가해야 한다면 친족이라 해도 버려야 한다.
적이 알지 못하도록 미혹하고 때를 기다려야 한다. 적이 행동을 취하지 않을 때 먼저 제압하는 것이 유리한 시기를 점하는 것이다.
난을 꾀하였다는 죄로 적을 엮으면 적은 용서받지 못한다. 사악한 일로 적을 해치면 수치스럽지 않다.
커다란 적은 누가 적인지 모르는 것이다. 화 가운데 적과 벗하는 것이 가장 심한 것이다.
타인이 자신을 도적처럼 보게 하고 친한 이를 소원한 사람으로 대하고 벗을 원수처럼 대하면 사람들은 나를 미워하도록 하는 것이다. 그러나 화를 피할 수 있다면 무슨 손해인가?

衆之敵, 未可謂吾敵, 上之敵, 雖吾友亦敵也.

親之故, 不可道吾親, 刑之故, 向吾親亦棄也.

惑敵於不覺, 待時也. 制敵於未動, 先機也.

構敵於爲亂, 不赦也. 害敵於淫邪, 不恥也.

敵之大, 無過不知. 禍之烈, 友敵爲甚.

使視人若寇, 待親如疏, 接友逾仇, 縱人之惡餘, 而避其害, 何損焉?

固榮 卷第六

처음에 부귀영화를 누리다가 끝까지 유지하는 자는 아주 적다. 길흉은 무상한 것이니 지혜로운 자만이 화를 줄일 수 있다.

부귀영화는 운명적인 것이 아니니, 먼저 도모하고 나서야 이루어지는 것이다. 길흉은 사람을 택하니 신중히 막아야만 화를 피할 수 있다.

榮寵有初, 鮮有終者 ; 吉凶無常, 智者少禍.

榮寵非命, 謀之而後善 ; 吉凶擇人, 愼之方消怨.

군주의 명을 어기지 않는 것이 부귀영화의 근본인데, 지혜로운 자는 몸을 버려서라도 부귀영화를 이어 나간다.

따르는 사람이 적지 않아야 부귀영화를 오래 누릴 수 있는데, 현명한 자는 스스로에게 고통스러워도 따르는 사람에게 은혜를 베푼다.

벼슬에는 고정된 주인이 없으니, 백번이라도 변화하여 군주를 기쁘게 해주어야 한다.

군주에게는 총애하는 신하가 있기 마련이니, 이유가 없더라도 반드시 그들과 사이좋게 지내야 한다.

친족이 없는 사람은 없으니, 사람을 처벌할 때는 그 친족들을 잘 살펴보아야 한다.

君命無違, 榮之本也, 智者舍身亦存續.

後不乏人, 榮之方久, 賢者自苦亦惠嗣.

官無定主, 百變以悅其君.

君有幸臣, 無由亦須結納.

人孰無親, 罪人愼察其宗.

人有賢愚, 任人勿求過己.

영화는 뭇사람들이 선망하는 것이지만, 뭇사람들의 원망도 끄는 것이다.

군주에게 만족함을 보이고 아랫사람에게 은혜를 베풀면 원한은 절로 줄어든다.

큰 원수는 반드시 제거하고 소인이라고 경시하지 않으면 화는 잠복하지 못한다.

기쁨과 노여움은 드러내지 않고 멀리까지 신중하게 생각한다면 사람들에게 모략을 받기 어렵다.

榮所衆羨, 亦引衆怨.

示上以足, 示下以惠, 怨自削減.

大仇必去, 小人勿輕, 禍不可伏.

喜怒無蹤, 慎思及遠, 人所難圖焉.

保身 卷第七

세상의 이치는 사람이 스스로를 해치지는 않지만 타인은 해친다는 것이다.

사람의 이치는 사람은 다른 사람은 용서하지 않지만 자신은 용서한다는 것이다.

世之道, 人不自害而人害也.

人之道, 人不恕己而自恕也.

군자는 명예를 아끼고 소인은 자신의 몸을 소중히 한다.

명예를 좋아하면 행동에 제약을 받지만 이익을 중시하면 해를 입지 않는다.

명예와 덕행을 드러내지 않으면 어떤 비방으로도 그 사람에게 해를 주지 못한다.

의기와 어짊을 드러내지 않으면 간사한 사람도 그를 후환으로 여기지 않는다.

겉으로는 상대를 칭송하여 그로 하여금 진의를 모르게 하고 몰래 사익을 취하기 위해 그가 가장 꺼리는 곳을 공격해 자신을 지킨다.

君子惜名, 小人愛身.

好名羈行, 重利無顧.

名德不昭. 毀謗無損其身.

義仁莫名, 奸邪不以爲患.

陽以贊人, 置其難堪而不覺. 陰以行私, 攻其諱處而自存.

서민들은 관리와 다투지 말아야 하며 부귀한 사람은 다른 사람의 원한을 사서는 안 된다.

약자가 목숨을 보존하려면 강한 체하지 말아야 하고 강자는 날개를 접고 완전무결을 추구하지 말아야 한다.

스스로를 책망할 때 엄격히 하면 사람의 연민을 일으켜 큰 해를 당하지 않는다. 타인을 책망할 때는 엄하게 하지 말아야 한다. 작은 은혜는 큰 이득이 되기도 하다.

庶人莫與官爭, 貴人不結人怨.

弱則保命, 不可作强, 强則斂翼, 休求盡善.

罪己宜苛, 人憐不致大害. 責人勿厲, 小惠或有大得.

악에는 정해진 의논이 없으니 악을 악으로 여기지 않는 사람은 현달한다.

선에는 정해진 평이 없으니 선을 선으로 여기지 않는 사람은 평안하게 된다.

자신을 아끼지 않는 사람은 타인도 그를 아끼며, 자신을 버리지 않는 사람은 타인도 그를 버린다.

마음에 맺히는 것이 없으면 해를 당하지 않는다.

惡無定議, 莫以惡爲惡者顯.

善無定評, 勿以善爲善者安.

自憐人憐, 自棄人棄.

心無滯礙. 害不侵矣.

察奸 卷第八

간신은 스스로 되는 것이 아니요, 충신은 스스로 변호하는 것이 아니다. 간신은 나라에 화를 입히며, 충신은 자기 몸에 화를 입힌다.

奸不自招, 忠不自辯. 奸者禍國, 忠者禍身.

지모가 없으면 간신이 될 수 없으니, 그 지모가 음험하기 때문이다. 선량하면 간신이 될 수 없으니, 그 양심의 앎이 있기 때문이다.

無智無以成奸, 其智陰也. 有善無以爲奸, 其知存也.

지모가 간신을 능가하지 않으면 그들에게 이길 수 없고, 양심의 지혜가 아주 크지 않으면 간신을 당해 내기 어렵다.

智不逾奸, 伐之莫勝 ; 知不至大, 奸者難拒.

충신과 간신은 바뀔 수 있다. 군주에게 쓰이는 자는 간신도 충신이 되며 군주에게 버림받은 자는 충신이라도 간신이 된다.

忠奸堪易也. 上所用者, 奸亦為忠, 上所棄者, 忠亦為奸.

세가 변하면 사람도 같지 않고 시절이 바뀌면 간신도 달라진다. 간신인지 아닌지 이름 붙이기는 어려우며 오로지 군주만이 할 수 있다.

군주가 좋아하고 미워하는 데서 간신이 생겨난다. 군주의 적은 간신이 아니어도 간신이며, 군주의 벗은 간신이라도 충신이 된다.

勢變而人非, 時遷而奸異, 其名難恃, 惟上堪恃耳.

好惡生奸也. 人之敵, 非奸亦奸. 人之友, 其奸亦忠.

간신이 되는 것이 이익이 되면 사람들은 모두 간신이 되고, 충신 노릇이 화가 되면 사람들은 충신이 되기 어렵다.

간신이 많고 충신이 적은 것이 세상의 참모습이며, 충성을 말하고 간사함을 미워하는 것은 세상의 겉모습이다.

道同方獲其利, 道異惟受其害. 奸有益, 人皆可為奸 ; 忠致禍, 人難為忠.

奸衆而忠寡, 世之實也 ; 言忠而惡奸, 世之表也.

윗사람에게 아첨하는 것은 오직 자신을 위해서이니, 겉으로 보이는 것을 버리고 실체를 구하면 간신은 절로 드러난다.

惟上惟己, 去表求實, 奸者自見矣.

謀劃 卷第九

군주가 신하에게 모책을 갖지 않으면 때로는 다스릴 수 없고, 신하가 군주에 모책을 갖지 않으면 승진하기 어렵다. 신하가 동료에게 계책을 갖지 않으면 적이 되는 자를 제거할 수 없다.

관계에는 영원한 친구가 없으며, 화는 항상 그 빈틈에 있다. 형세가 그러하다면 지혜로운 자는 (경계를) 늦추지 않는다.

적이 멀리까지 온 것을 헤아렸다면 지금 반드시 대책을 세워야 한다. 적을 소탕시키기 위해서는 꺼리는 것이 없어야 한다.

임금을 속이는 것은 대죄이며, 여러 죄를 더하면 면할 수 없다. 법을 굽힌 것에는 관용이 없으며, 타인을 놓아주어 생긴 화는 징벌의 방법이다.

上不謀臣, 下或不治 ; 下不謀上, 其身難晉. 臣不謀僚, 敵者勿去.

官無恆友, 禍存斯虛. 勢之所然, 智者弗怠焉.

料敵以遠, 須謀於今 ; 去賊以盡, 其謀無忌.

欺君為大, 加諸罪無可免. 枉法不容, 縱其為禍方懲.

군주는 권세로 신하를 다스리고 권세로 다스릴 수 없으면 술수로 다스린다. 신하는 술수로 군주를 도모하고 술수가 궁하면 힘으로 한다.

신하는 지모로 (동료를) 도모하고 지모가 미치지 못할 때는 직접 해친다.

일은 비밀을 지키는 것이 중요하니, 그렇지 않으면 화가 닥친다. 행동은 신속한 것이 중요하니, 미루면 남에게 기선을 뺏긴다.

그의 공을 오히려 죄라고 하면 그의 뿌리를 뽑는 데 가장 효과적이다. 황당한 이야기를 꾸며내어 그의 말이라고 모함하면 그에 대한 다른 사람의 혐오를 더 늘릴 수 있다. 책략이 끊이지 않는다면 또한 무적이 아니겠는가?

上謀臣以勢, 勢不濟者以術. 下謀上以術, 術有窮者以力.

臣謀以智, 智無及者以害.

事貴密焉, 不密禍己；行貴速焉, 緩則人先.

其功反罪, 彌消其根；其言設繆, 益增人厭. 行之不輟, 不亦無敵乎?

問罪 卷第十

법의 좋고 나쁨은 (법조문의) 문구에 있는 것이 아니라 집행에 있다.

형벌의 본질은 죄를 벌하는 것이 아니라 밝히는 것이다.

法之善惡, 莫以文也, 乃其行焉.

刑之本哉, 非罰罪也, 乃明罪焉.

누구에게나 죄를 덮어씌울 수 있으니, 이를 위해서는 우선 대상을 확정해야 한다. 죄는 저절로 폭로되지 않지만 밀고하고 검거하면 드러나게 할 수 있다.

끝까지 인정하지 않다가 죽기도 하는데, (이럴 때는) 죄가 두려워 자살했다고 설명할 수 있다.

사람은 무리를 짓지 않을 수 없으므로, 한 사람에게 죄를 주면 반드시 그 무리도 잡아들여야 한다. 공소장에는 빈틈이 없어야 하고 피고의 진술을 수정하고 보충한 것도 사실을 어기지 말아야 한다. 일이 이 정도에 이른다면 죄는 성립할 수 있다.

人皆可罪, 罪人須定其人. 罪不自招, 密而擧之則顯.

上不容罪, 無諗則待, 有諗則逮. 人辯乃常, 審之勿憫, 刑之非輕, 無不招也. 或以拒死,

畏罪釋耳.

人無不黨, 罪一人可擧其眾 ; 供必無缺, 善修之毋違其真. 事至此也. 罪可成矣.

사람이 다르면 마음도 다르니, 약한 자를 골라 공격하면 그 정신이 반드시 무너질 것이다.

人異而心異, 擇其弱者以攻之, 其神必潰.

몸이 같으면 두려움도 같으니, 지극한 두려움으로 형벌을 가하면 그 사람이 반드시 굴복할 것이다.

연민 따위는 있을 수 없다. 남을 불쌍히 여기는 자는 자기 충성을 증명할 길이 없다. 우의를 베푸는 자는 무겁게 다스려야 한다. 벗을 돕는 자는 오로지 자기에게 해를 불러들일 뿐이다.

身同而懼同, 以其至畏而刑之, 其人固屈.

憐不可存, 憐人者無証其忠. 友宜重懲, 援友者惟其害.

죄인이 혹 다른 사람에게 죄를 씌우면 면할 수 있으니, 하기 어렵지만 해야 한다.
罪人或免人罪, 難為亦為也.

刑罰 卷第十一

한 사람을 죽음에 이르게 하기 위해서는 모반을 꾀한다는 모함보다 효과적인 것이 없고, 한 사람의 복종을 유도하는 것은 형벌이 아니면 목적을 이루지 못한다.
致人於死, 莫逾構其反也 ; 誘人以服, 非刑之無得焉. 刑有術, 罰尚變, 無所不施, 人皆授首矣.

지혜로운 자는 화를 입을 것을 두려워하고, 어리석은 자는 형벌을 두려워한다. 말로 사람을 베어 죽이는 것은 형벌 중에서 극(極)한 것이다.
智者畏禍, 愚者懼刑 ; 言以誅人, 刑之極也. 明者識時, 頑者辯理 ; 勢以待人, 罰之肇也.

죽음은 받아들일 수 있더라도 고통은 참기 어렵기 때문에, 형리(刑吏)는 인간이 감당할 수 없는 수단을 동원한다. 선비는 모욕을 견디지 못하고, 사람은 연루되는 것을 근심하며, 죄인은 아첨하지 않음을 비난한다.

죄를 불지 않는 사람에게는 더 큰 죄를 씌우고, 증거를 얻지 못하면 증거를 위조해 자백을 유도하라. 형벌은 미치지 않는 곳이 있지만, 모함은 미치지 않는 곳이 없다.

남에게 죄를 가한 일에 명분이 없는 걸 근심하지 말고, 군주가 혐의를 두지 않을 것을 근심하라.

死之能受, 痛之難忍, 刑人取其不堪. 士不耐辱, 人患株親, 罰人伐其不甘.

人不言罪, 加其罪逾彼 ; 証不可得, 僞其証率真. 刑有不及, 陷無不至.

不患罪無名, 患上不疑也.

형벌을 당한 사람은 비인간적인 대우를 받고, 형벌로 다스리는 사람은 벌을 받지 않는다.

비인간적인 대우를 받으면 비천하고, 벌을 받지 않으면 고귀하다. 비천하면 어육이 되고 고귀하면 죽은 자도 살린다.

사람들이 취하고 버리는 것이 여기에 있지 않은가?

人刑者非人也, 罰人者非罰也.

非人乃賤, 非罰乃貴. 賤則魚肉, 貴則生死.

人之取舍, 無乃得此乎?

瓜蔓 卷第十二

사건이 커지지 않으면, 사람들을 놀라게 할 수 없고, 사건에 연루되는 자가 많지 않으면 공이 드러나지 않는다.

　군주는 (대형 공안 사건을 통해) 안정을 구하고, 신하는 이로써 총애를 받는다. 억울한 사람이 있겠지만, 어쩔 수 없는 일이다.
　事不至大, 無以驚人. 案不及衆, 功之匪顯.
　上以求安, 下以邀寵. 其冤固有, 未可免也.

　진정한 영화는 주위의 사람들까지 영화롭게 하는 것이고, 진정한 재앙은 주위의 사람들에게 해를 입는 것이다.
　스스로 얻지 않은 영화는 믿지 말아야 하며, 남의 재앙이라 해도 간과하지 말아야 한다.
　실제 죄가 없으면 다른 죄를 끌어다 들이면 된다.
　악행이 드러나지 않으면 다른 사람의 악행을 끌어다 대라.
　마음의 근심이 되는 자는 역적의 일당으로 만든다.
　원한이 되는 자는 그 간사함에 빠트려라.
　榮以榮人者榮, 禍以禍人者禍.
　榮非己莫恃, 禍惟他勿縱.
　罪無實者, 他罪可代.
　惡無彰者, 人惡以附.
　心之患者, 置敵一黨.
　情之怨者, 陷其奸邪.

　관리의 벗은 백성의 적이다. 친한 이의 벗은 원수의 적이다.

적은 불변고정하지 않다. 영화를 누릴 때의 친구는 패망할 때의 적이고, 비천할 때의 친구는 부귀해지면 적이 된다. 그러므로 친구는 일시적인 것이다. 그래서 권력은 폐기할 수 없는 것이며, 일단 폐기하면 근본을 잃는다.

동정은 함부로 베풀지 말아야 하니, 함부로 베풀면 다른 사람의 미움을 사게 된다. 사람과 교류할 때는 너무 가깝지 말아야 한다. 너무 가까우면 의심을 산다. 마음을 털어놓아서는 안 된다. 그렇지 않을 경우 재앙이 잠복한다.

지혜로운 사람은 스스로 화를 불러들이지 않으며 유능한 자는 남의 약점을 찾아 공을 구한다. 미끼로 (대상을) 잡으면 일이 어긋나지 않는다.

官之友, 民之敵. 親之友, 仇之敵.

敵者無常也. 榮之友, 敗之敵 ; 賤之友, 貴之敵, 友者有時也. 是以權不可廢, 廢則失本.

情不可濫, 濫則人忌. 人不可密, 密則疑生. 心不可托, 托則禍伏. 智者不招己害, 能者尋隙求功. 餌之以逮, 事無悖矣.

측천무후는 『나직경』을 읽고는 한탄했다.
"이 정도의 심기라면 짐의 잘못이라고만 할 수 없겠구나."

(전하는 이야기에 따르면 명재상 적인걸은 『나직경』을 읽고 온몸을 부들부들 떨고, 식은땀을 흘렸다고 한다.)

2장

법가란 무엇인가

중국은 어떤 나라이기에 법 집행에서 죄 없는 사람이 숱하게 유죄가 되어 처형 등의 혹형을 받는지 의아할 것이다. 한마디로 말해 법가 사회이기에 그러하다. 한 제국 이후 유교를 통치 이데올로기로 내세웠으나 이는 겉치장이었고 실제로는 법가 사회였다. 이를 양유음법(陽儒陰法) 또는 외유내법(外儒內法)이라 한다. 유교를 전면적으로 받아들인 이씨 조선도 본질적으로 법가 국가였다.

　법가 사상 자체는 스킬(skill)에 불과한 면이 많으므로 다른 사상과 얼마든지 공존할 수 있음을 유의해야 한다. 근대 자본주의나 공산주의와도, 시장경제 체제와도 공존이 가능하다. 진 이후의 왕조들은 법가 자체는 패도(霸道)라 하여 공식적으로 금지하면서도, 법률과 관료 체제 자체는 법가에 준해서 만들었고, 국가 통치 이념과 법의 적용에 대해서는 유가나 도가의 사상을 받아들여서 구체적 법적 조치에 경중과 가감을 두었다. 이렇게 하면 체계적인 국가 체제를 만들 수 있으면서 법이 규정하지 않은 일이 발생해도 유연하게 대처할 수 있기 때문에 엄격한 법규에 지친 민심도 다독일 수 있었다.

　순수한 법가는 진 왕조와 함께 소멸되었다고 할 수 있으나 법가 사상은 유가에도 그리고 현대의 조직론이나 리더십 등에도 쓸 수 있는 만능의 테크닉으로 살아남았다.

【대한민국에서 정치권, 관계, 학계, 언론계, 사법부, 검찰, 변호사 업계에 법가적 가치관을 가진 자가 참으로 많다.】

법가 사상과 그 정책

춘추전국 시대(B.C. 770~ B.C. 221)는 중국 역사상 대변혁의 시대였다. 각지에 봉건(封建)되었던 주의 제후국들은 성읍국가에서 영토국가로 전환되었으며 제후국들의 상호 정복전쟁으로 국(國)의 수가 줄고 대국(大國)이 출현했다. 전국 시대에 와서는 대다수의 약소국들이 강대국에 병합되고 소수의 강대국만 남게 된다. 이들 강대국 가운데 7국을 전국칠웅(戰國七雄)이라 한다. 각국의 군주는 주나라 천자만의 칭호였던 왕을 칭하고 광대한 영역을 통치할 관료기구를 정비하였다.

이 시대에 국가와 군주의 생존은 전적으로 군사력, 외교 역량, 축적한 국부(國富)에 달려 있었다. 그러므로 각국의 군주는 자신의 권력과 군사력을 강화시키고 국부를 늘리는 데 진력했는데, 이를 위해 혈통이 귀족이 아니더라도 뛰어난 역량을 지닌 자들을 고위 관직에 임명했다. 이러한 군주의 열망에 부응하여 부국강병책과 군주권 강화를 구현하려는 정책과 사상을 고안하는 독서인(讀書人 : 지식인)들이 대거 출현했다. 이들의 사상과 정책을 흔히 '제자백가(諸子百家)'라 부르듯이 수많은 유파가 나왔다.

춘추전국 시대 이전에는 높은 지위에 오르고 부귀영화를 누리려면 귀족 가문에서 태어나야 했지만 이후에는 미천한 집 출신도 뛰어난 학식과 언변이 있으면 가장 높은 사회적 지위를 얻어 화려한 저택에서 호의호식하고 미모의 첩을 두고 살 수 있다는 희망을 품을 수 있게 되었다. 이러니 학문의 목적이 변질될 수밖에 없었다.

유가를 비롯해 제자백가는 모두 그들의 학(學)으로 사회문제를 해결하겠다며 직접 현실정치에 참여하려 했다. 가르침을 찾아 모여든 학생들의 목적은 대부분 관료가 되기 위한 자질을 닦고 관직을 얻는 것이었다.

이처럼 벼슬을 얻으려는 자들을 대상으로 한 학은 그 내용이 정치와 군주를 섬기는 것에 관한 것이 될 수밖에 없었다. 제자백가의 학은 모두 시대가 흐름에 따라 거의 전적으로 '제왕학(帝王學 : 어용 정치행정학)'으로 변질되었는데 이는 유가도 마찬가지였다.

유가를 자칭하게 된 자들은 대부분 학문 자체보다는 부귀영화를 얻는 데 관심을 가졌다. 유가의 이름난 학자들도 이른바 속유(俗儒 : 속된 유학자)의 행태를 맹비난했다. 맹자는 사람들이 인격을 수양하는 목적이 높은 지위를 얻으려는 것에 불과해 목적을 달성하면 주의주장도 내던진다고 말했다. 순자(荀子)는 유가가 의관(衣冠)을 중시하지만 학문도 천박하고 행동거지가 속된 인간과 다를 바 없고, 어리석은 자를 속이고 생활방편을 얻기 위해 선왕(先王)을 논하지만 군주의 총신과 가신들의 식객 노릇을 한다고 비난했다.

유가를 비롯하여 제자백가의 사상 중에는 현실에서는 효과를 볼 수 없는 공허한 주장도 많았다. 이에 비해 부국강병을 위한 구체적인 정책을 마련하고 업적을 쌓은 독서인들은 거의 모두 법가라 할 수 있다.

법가들은 부국강병과 국가 개혁을 위해 군주권의 강화에 큰 힘을 쏟았는데 이로 인해 유가와는 매우 다른 제왕학이 되었다. 이들은 대체로 유가를 비롯한 각 제자백가에서 학문을 익힌 사람들로 – 법가는 대개 유가 출신이었다 – 고위직에 임용되어 현실에 맞추어 정책을 폈다.

법가는 사상이나 이론을 수단으로 생각했기 때문에 스승의 계보를 중시하지 않았으며 동류의식도 희박해 독립적인 학단을 이루지 못했다. 법가는 거의 다 군주의 무한 권력을 토대로 사회질서를 유지하고 군주의 권력에 기생해 부귀영화를 누리는 것이 목적인 자들이었다. 인간을 불신하는 이들이 그 심성상 스승-제자 관계, 동료 관계를 맺는 것은 거의 불가능했다. 벼슬을 얻지 못하는 법가들이 모이면 모리배 집단이 될 수밖에 없다.

제자백가는 거의 모두 인간은 욕심이 지나치다는 '인간 과욕론(過慾論)'을 주장했다. 인간의 선천적인 도덕성과 이익을 초월한 군자 개념을 강조한 유가도 '소인(小人 : 피치자)'을 욕심이 지나쳐 절제하지 못하는 존재로 보았다.

대역사가 사마천도 고금의 역사를 연구하면서 인간이 본질적으로 부를 추구하는 존재이며 모든 행위가 부를 얻기 위한 것이라는 결론을 내렸다.

옛말에 "창고가 가득 차야 예절을 알고, 입고 먹을 것이 넉넉해야 명예와 치욕을 안다."고 했다. 예절은 가진 것이 있으면 생기고, 가진 것이 없으면 사라진다. 그러나 군자(君子)는 부유해지면 즐겨 덕을 행하지만, 소인(小人)은 부유해지면 그 힘을 휘두르려고만 한다. 연못이 깊어야 고기가 살고 산이 깊어야 짐승이 살듯이, 사람도 부유해야 인의(仁義)가 생긴다. 부유한 사람이 권세를 얻으면 더욱 유명해지지만, 권세를 잃으면 식객도 모두 떠나고 그와 즐겨 어울리려 하지 않는다. 이적(夷狄)은 이러한 일이 더욱 심하다. (……)

성현(聖賢)이 묘당(廟堂)에서 심오한 계책을 도모하고 조정에서 (정사를) 논의하는 것이나, 신의를 지키고 절의를 위해 죽는 것도 은사(隱士)들이 높은 명성을 날리려는 것도 (그들의 진정한) 목적은 무엇인가? 부(富)를 얻기 위한 것이다. 염리(廉吏 : 청렴한 하급 관리)는 (청렴함으로) 지위를 오래 유지할 수 있는데, 오래 자리에 있으면 부를 얻을 수 있기 때문이다. 정직한 상인이 (정직한 것은 결국) 부를 얻기 위한 것이다.

부란 인간이 본질적으로 원하는 것이며 배우지 않고도 모두 추구하는 대상이다. 군대의 장사(壯士)가 공성(攻城)할 때 먼저 오르고 적진을 함락하고 적을 물러나게 하며 적장의 목을 베고 적군의 깃발을 빼앗아 들어 올리며 화살과 돌을 뚫고 나아가며 탕화(湯火 : 끓는 물과 타는 불)처럼 어려운 것도 피하지 않는 것은 큰 상(賞)을 기대하기 때문이며, 가난한 동네의 젊은이들이 행인을 습격하거나 살해해 매장하는 것도, 도굴과 화폐 위조를 하는 것도, 검소한 임협(任俠)의 무리들이 친교(親交)를 맺어 복수를 행하는 것도, 사람을 붙잡아놓고 몸값을 강요하는 것도, 법으로 금지한 것을 피하지 않고 마치 달리는 말처럼 사지(死地)로 달려가는 것도 사실은 모두 재용(財用)을 얻기 위한 것에 불과하다. 조나라, 정나라 미희들이 얼굴을 아름답게 꾸미고 거문고를 타고 긴 소매를 나부끼고 날렵한 신발을 끌며 유혹하는 눈짓과 교태를 부리며 천리 길도 마다하지 않고 (남자가) 늙고 젊은 것을 가리지 않고 찾아나서는 것도 결국 부를 쫓기 때문이다. (……)

산속에 묻혀 사는 기이한 선비도 아니면서 빈천함에서 벗어나지 못하는 자가 말로만 인의를 떠들기 좋아하는 것도 부끄러운 일이다. 대개 백성들은 상대의 재산이 자신의 열 배면 무시하고 헐뜯지만 백 배면 오히려 두려워한다. 천 배가 되면 그를 위해 힘든 일을 하고 만 배가 되면 그의 하인이 되니 이것이 세상의 이치이다.

법가는 '인간 과욕론'을 적극 펼쳐 인간의 모든 행동은 물론 교우 관계, 남녀 간의 연애, 군신 관계, 부자 관계 등 모든 상호 관계마저 사리사욕을 추구하는 본성에 따른 것이라 주장했다.

뜻밖으로 여겨지겠지만 유가인 순자의 학설이 법가의 이론적 기초가 되었다. 순자는 인간의 욕구에 대해 다음과 같이 말한다.

사람의 정(情 : 본능)이란 먹을 때는 맛있는 음식을 원하며, 입을 때는 화려한 비단옷을 바라고, 길을 갈 때는 수레나 말을 타고 가기를 원한다. 또 남아돌아가는 부를 축적하고도 죽을 때까지 만족을 모른다. 이것이 바로 인간의 정이다.

그런데 욕구가 무한한 인간은 무리 생활, 즉 사회생활을 하면 다툼과 갈등이 나게 마련이다. 특히 빈부 격차로 인한 계층 간의 갈등은 어느 사회에서나 체제를 흔들 수 있는 잠재 요인이다.
인간의 과욕이 사회를 어지럽힌다는 데 제자백가는 모두 동의했다.
탐욕이 충만한 인간 사회에서 좀 더 현실적인 대책은 빈부 격차를 정당화하는 이데올로기를 내세우면서 동시에 계층 갈등을 완화시킬 강제적 규범을 만드는 것이었다. 순자는 인간 사회에 계층과 신분 차이가 있을 수밖에 없다고 했다. 인간의 욕망을 통제할 수 없다면 인간 사회는 무한 투쟁 양상이 되어 유지될 수가 없다. 이를 막기 위한 순자의 방안, 즉 순자의 정치사상을 요약하면 다음과 같다.
인간은 집단생활을 누릴 수 있는 성(性 : 품성)을 소박한 형태로 지니고 있는데, 성 그것만으로는 지속적으로 무리[群]를 지을 수 없다. 성에다가 인위적인 형식 즉, 위(爲)를 더해 예(禮 : 도덕 규범 · 제도 · 관습)를 만들어내야 집단생활이 유지된다. 예를 만들어낼 수 있는 이가 도덕과 재능이 뛰어난 인간, 즉 성인(聖人

: 군주)이다.

인간의 타고난 욕망은 끝이 없다. 따라서 인간 사이에는 다툼이 있을 수밖에 없다. 다툼은 인간 사회에 분란을 일으킨다. 이에 옛 성인은 예(禮)와 의(儀)를 제정하여 인간 사이에 분(分 : 계층과 신분의 차등)을 두고 신분을 만들었다. 인간은 각기 신분에 따라 욕망을 정도껏 채우고 그 이상은 제한된다. 이와 같이 욕망을 통제하여 인간은 집단 속에서 조화를 이룬다.

순자는 인간의 욕망을 통제하기 위해 '예'가 생겼다고 주장한다. 인간 집단 가운데 가장 고차원적인 것이 국가이므로 예는 국가에서 가장 잘 구현된다. 국가의 통치 원리가 예이다. 순자는 사회질서를 유지시키기 위해 만들어진 예가 본질적으로 한정된 재화를 둘러싸고 일어나는 다툼을 방지하기 위한 수단에 불과하다는 것을 인정했다.

맹자보다 후대 인물인 순자는 성선설에 입각한 왕도 정치의 구현이 불가능하다는 현실을 인정하고 과감하게 성악설을 주장하면서 예를 바탕으로 엄격한 국가 지배를 주장했다. 순자보다 앞선 인물인 이회(李悝) · 신불해(申不害) · 오기(吳起) · 상앙(商鞅) 등이 이름난 법가이지만 이들은 이론적 · 사상적 기초가 미흡했다. 법가에는 군주권의 정통성이나 국가의 공공성에 관한 이론이 거의 없었다. ― 상앙은 정치가 마치 백성을 상대로 하는 전쟁인 것처럼 주장했다.

순자의 학설은 법가의 이론적 토대가 되었다. 이 때문에 후대의 '정통' 유자들은 순자를 이단시했다.

순자가 말한 예는 현대적 관점으로 보면 법률이라고 할 수 있다. 그러나 유가였던 순자는 공자가 중시한 예로 표현했다. 순자의 제자인 한비자(韓非子)는 예를 법으로 표현했다. 이전의 법가 이론은 현실정치에서 활용되는 정술(政術)에서 크게 벗어나지 못했는데, 한비자는 법가의 여러 학설을 집대성해 하나의 사상 체계로 완성했다.

한비자는 법가의 주요 개념인 '술(術)'과 '법(法)'을 규정하고 군주의 통치에서 '법'과 '술'이 갖는 중요성을 강조했다.

어떤 사람이 물었다.

"신불해와 공손앙(公孫鞅 : 상앙) 두 학파의 말 가운데 어느 쪽이 나라에 더 시급합니까?"

이에 대답하여 말했다.

"그것은 가늠할 수 없다. 사람은 먹지 않으면 열흘이면 죽는다. 큰 추위가 닥쳤을 때 옷을 입지 않아도 역시 죽는다. 그런데 입는 것과 먹는 것 가운데 어떤 사람에게 더 시급한 문제냐고 묻는다면, 하나라도 없어서는 안 된다고 답할 수밖에 없다. 모두 살아가는 데 빼놓을 수 없는 수단이기 때문이다. 지금 신불해는 술을 말하고 공손앙은 법을 말한다.

술이란 재능에 따라 관직을 주되 신하가 말하는 것에 따라 그

실천 여부를 추궁하는 것이며, 생사여탈의 권한을 가지고 뭇 신하들의 능력을 평가하는 것이다.

법이란 먼저 관부(官府)에서 공포하여, 백성들의 마음에 형벌이 새겨지도록 하여 법령을 신중히 지킨 자에게 상을 주고 법령을 어긴 자에게 벌이 내려지도록 하는 것이다. 군주에게 '술'이 없으면 눈이 가려지고, 신하에게 '법'이 없으면 밑에서 (민중이) 무질서해진다.

그 둘은 하나라도 없어서는 안 되는 것이며, 모두 제왕의 도구이다."

— 『한비자』「정법(定法)」

즉 '술'은 군주가 관료를 부리는 수단이고, '법'은 군주가 인민을 통제하는 수단이다. 군주는 술을 부려 관료가 일하게 한다. 관료의 일은 군주가 제정한 '법'을 집행하는 것이다.

전통 중국의 '법'은 오늘날의 현대 세계의 보편적인 법 개념과는 반대라 할 정도로 다르다. 어원으로 보아 '법(法)'은 본래 형(刑)과 같은 의미였다. 후한 초에 편찬된 중국 최초의 한자사전 『설문해자(說文解字)』는 법을 '처벌'로 정의한다. 다시 말해 중국의 법은 권력이 행하는 폭력으로 특정 대상을 처벌하려 만들어진 것이다. 중국의 법은 굳이 서양의 법 개념으로 설명하자면 형법에 해당한다. 그러나 서양의 형법은 '정의 구현'을 목적으로 하지만 중국의 법은 민을 권력에 굴종시키기 위해 행하는 폭력이다.

법가는 이러한 법 개념을 정교하고 세련된 형태로 발전시켰다.

비록 법가라 불리나(유가는 유교에 정통한 사람이다. 법가라는 말은 '법의 대가'를 의미하는 것이 아닌가 하는 착각을 줄 수 있다.) 이들은 '법의 지배(rule of law)'를 결사반대한다. 현대사회에서 법은 서구의 법 개념에서 나온 것으로 돈, 권력 등을 많이 갖고 있는 사람이라 할지라도 형사, 민사, 상행위 등의 영역에 있어서 우대받지 못하고 모두가 공평한 권리와 책임을 가지는 것을 뜻한다. '법 앞에 만인이 평등하다.'라는 말이 바로 이런 뜻이다. 그러나 법가에서 말하는 법이란 권력자에 대한 견제가 전혀 없으며 공정성과 반대 개념이다. 법가의 법 개념이란 첫째 군주는 스스로 적절하다고 하는 판단에 따라 또 기분에 따라 마음대로 상과 벌을 줄 수 있고, 둘째 군주는 법 위에 있는 존재이므로 법에 종속되지 않으며, 셋째 군주가 법의 근원이다(군주만이 법을 제정하고 개정하고 폐지한다.).

술(術)은 군주가 신하를 조종하고 통제하는 기술이요 요령이다. 법가는 군주만이 권력을 가지고 행사해야 한다고 보지만 혼자서 국정을 운영하고 통치하는 것은 물리적으로 불가능하다. 유능한 자들을 기용하여 권한을 어느 정도 위임하고 일을 맡겨야 한다. 그러나 이들 신하들은 믿을 수 있는 자들이 아니라고 법가는 본다. 사실 법가뿐 아니라 어느 시대를 막론하고 타인은 함부로 믿을 수 없다는 것이 속세 사람들의 견해이다. 그러므로 법가는 법 못지않게 술을 중요시한다.

법가 사상은 철저하게 군주 입장에서 어떻게 하면 권력을 마음대로 다루고 백성, 신하들을 철저하게 복종시킬 것인가를 논하고 그 방편을 가르친다. 사실 법가는 사상이라기보다는 군주의 처세술, 권력 유지술에 대한 논이라고 할 수 있다. 그러니 법가의 저서를 거창하게 이데올로기적으로 해석하기보다는 '성공하는 사람들의 비밀' 같은 처세술, 자기계발서의 군주 버전이라고 생각해도 좋다.

법가는 인간의 도덕적 능력을 불신하고 법령으로 재화 분배의 차등을 규정해서 인간 사회의 분란을 방지해야 한다고 주장했다.

신도(愼到, B.C. 395~315)는 빈부 격차로 인한 갈등을 법으로 막아야 한다고 주장했다.

한비자는 아예 국가가 부자에게 중과세를 해 그 부를 국고로 이전하고 모두를 경제적으로 가난하고 평등하게 만들어 갈등을 해소해야 한다는 공산주의적인 주장을 했다. 국가(군주)가 권력과 부를 독점해야 한다고 생각한 한비자의 이러한 주장은 '민이 약하면 국가가 강해지고 [民弱國强] 민이 강해지면 국가가 약해진다[民强國弱]'라는 인식에 기초한 것으로 결코 빈자를 위한 것이 아니었다. 한비자는 큰 부를 가진 자가 우월한 경제력을 바탕으로 빈자를 사적으로 지배해 국가권력(군주권)에 대항할 것을 우려했다.

그러나 법가 사상의 한계도 명확한 것이었다. 법가는 실현 불가능한 — 불가능해 보이는 — 이상에 매달리지 않고 현실을 있는 그대로 보고 이해하며 인간 심리의 어두운 면을 잘 아는 지식인 집단이었다. — 공익 개념 없이 부귀영화만 좇는 자들이 좀 더 세상을 냉철하게 볼 수도 있다. 이들은 임기응변에 능한 책사일지언정 경세가(經世家)는 아니었다. 진정한 공익 개념이 없으니 경세가가 될 수 없었으므로 이론적 토대를 유가에서 빌릴 수밖에 없었다.

국가가 세세하고 엄격한 법으로 가축 다루듯이 민을 통제해야 하고 술로 관료를 다스려야 한다는 법가 사상에 입각한 정치는 단기간은 몰라도 장기간 유효할 수는 없었다. 부귀영화만 좇는 관료 집단의 부패와 사리사욕 추구로 인해 법치의 문란은 반드시 나타날 수밖에 없고, 자유방임을 바라는 인간의 본성에 비추어볼 때 엄청난 수의 범법자가 생길 수밖에 없다.

성악설에 입각하여 인간은 이익을 위해 규칙을 어기려고만 하는, 믿을 수 없는 존재로 보는 법가는 현실을 잘 설명하는 것 같지만 인간 사회는 그 정도로 단순하지 않다.

유가의 예도 인간 사회를 규제하는 규칙인 점은 법과 같다. 예는 강제적인 성격도 있지만 인간의 자발성에 기초한다. 예는 사회 구성원 대부분이 지키면 이익이 되므로 자발적으로 지켜질 것을 기대할 수도 있고 또한 인간이 관습적으로 예를 익혀 행할 수도 있다.

군주에게 채용된 법가의 대표적 인물인 신불해·이회·오기·상앙 등은 부국강병을 위해 사회구조와 인간관계를 근본적으로 바꾸는 각종 정책을 — 어찌 보면 인간 본성에 어긋나는 — 폈다.

이들 정책에 저항하는 자는 법(=가혹한 형벌)으로 다스렸다. 5인 가족으로 이뤄지는 소농(小農) 가구를 인위적으로 창출하고 경작할 수 있는 토지와 농기구를 주어 생활을 보장하게 했다. 그리고 이들의 생산과 소비를 세밀히 통제했다. 소농으로 편제된 일반 농민의 생활수준은 잉여 생산을 거의 모두 수탈당해 노예보다 약간 나은 수준으로 궁핍했다. 이는 국가가 의도한 바였는데, 이런 가혹한 착취의 목적은 지배층의 호사만을 위한 것이 아니라 일반 백성으로 하여금 죽음을 두려워하지 않는 용감한 전사(戰士)로 만들려는 것이었다.

전국 시대 때 민의 2대 의무는 경작(=생산)과 전쟁에 종사하는 것이었다. 전국 시대 일반 백성이 노예와 비슷한 고달픈 삶에서 벗어나는 유일한 길은 전쟁에서 무공을 세워 포상으로 작위와 토지를 받는 것이었다. 때문에 남녀노소를 가리지 않고 모두가 전쟁이 나기를 간절히 바라고, 전쟁이 나면 부귀영화를 누릴 기회가 왔다고 경축하는 것이 전국 시대의 모습이었다.

귀족도 군공을 세워야 특권 세습이 가능하도록 하는 것이 법가의 정책이었으므로 전국 시대 각국의 귀족 계급은 법가의 개혁에 강력히 저항했다. 변법(變法 : 법가 사상에 입각한 개혁)을 추진하던 군주들은 일정한 수준에서 타협했다. 그러나 귀족세력을 꺾고 타협 없이 변법을 철저히 시행한 진(秦)은 B.C. 3세기에 들어서자 최강자가 되어 마침내 B.C. 221년 무력 통일을 구현했다.

진나라에서는 법가가 추구한 변법 개혁의 성공으로 군주의 절대 권력이 성립할 수 있는 여건이 구비되었으니, 수전(授田)제도에 기초한 이른바 제민(齊民 : 빈부 격차가 없는 가지런한 백성) 지배 체제의 완성이었다.

진의 수전제도는 법가 사상에 기초한 것으로 5인 가족으로 이루어진 소농 가구에 — 이 역시 국가정책에 의해 인위적으로 형성된 것이다 — 국유 토지를 임대해 경작하도록 하고 농기구와 종자도 제공해 민의 생계를 보장했다. 그러나 잉여는 모두 수탈해 풍요를 허락하지 않았다. 제민 지배 체제에서 노예는 극소수로 국가 소유의 형벌 노예가 대부분이었다. 제민 지배 체제는 민이 모두 국가에 예속되는 것을 원칙으로 했기 때문에 사노비의 출현을 엄금했다.

수전제도는 어찌 보면 매우 공산주의적인 제도인데, 제민을 인위적으로 창출해 호족(豪族 : 지방 세력가)의 사적 지배를 막고 국가가 인민을 독점하고 지배하는 것을 목표로 했다. 그러므로 제민 지배 체제는 계층 분화와 몰락 농민의 발생 여지를 철저히 봉쇄하는 것을 목표로 해 국가가 수여한 토지 이외의 토지를 점유하는 것도, 수여한 토지를 포기하는 것도 허용하지 않았다. 이는 국가가 모든 생산수단을 장악하고 모두에게 일자리를 제공한 20세기의 공산주의 체제와 유사한 것이었다. 평등하게 가난해지고 상호 감시와 고발을 일삼게 된 피지배층은 무력과 부를 독점한 국가권력(군주권)에 무력할 수밖에 없었다.

진나라가 완성한 중국의 황제 지배 체제는 지구상 출현한 여타 전제 군주정과 비교할 수 없을 정도로 강력히 민을 통제, 억압하는 것이었다.

  조지 오웰은 볼셰비즘의 득세에 서구 문명이 위험에 처해 있다고 보고 이를 경고하려『1984』를 지었다. 그런데 중국은 이 저술이 나오기 2천여 년 전에 '빅 브라더(Big Brother)'가 지배하는 정치체제를 구현했다.

신이 없는 나라 – 중국

다른 고대 문명에서 탄생한 법과 달리 고대 중국의 춘추전국 시대에 발달하고 체계가 잡힌 법은 신성한 기원이나 종교적 금기가 없다. 이집트, 인도, 그리스, 로마, 이슬람 문명 등 세계의 주요한 고대 문명권에서 법은 신성한 존재인 신(神)이 정한 것이라 천명(闡明)되고 종교와 연결된다. 이에 비해 중국에서는 종교가 법률 형성에 거의 관여하지 못했다. 이는 춘추전국 시대에 이르러 전통적인 여러 신의 무력(無力)·무용(無用)이 드러났지만 이를 대체할 보편적인 고등 종교가 발생하지 않았기 때문이다.

은나라에서 최고신은 제(帝)였다. 제의 정체는 천신(天神)인 듯한데, 비가 오고 가뭄이 오는 등 자연현상을 좌우하고 인간사의 길흉화복을 주관한다고 보았다. 제는 일방적으로 비를 내리게 하거나 수확을 결정하는 존재로 인간이 어찌할 수 있는 대상이 아니므로 은나라에서는 제에게 제사를 지내지 않았다.

은나라에는 제 이외에 여러 자연신이 있었다. 산이나 강, 짐승, 수목 등의 자연물이나 동식물에 신격을 부여하고 숭배하는 대상이 자연신이다. 자연신에 대해서는 기우제를 지내는 등 제사를 지냈다. 제사에 의해 인간의 소원을 받아들이는 존재로 인식했으므로 은나라 사람들은 제사를 지냈다.

선왕(先王 : 세상을 떠난 은나라의 왕)은 조상신으로 제사를 받으면 그 대가로 인간 세상에 도움을 주는 존재였다. 조상 제사는 은 시대의 가장 중요한 행사였다. 주나라에서 최고신은 천(天)이었다. 조상신 숭배는 종묘(宗廟 : 왕실의 사당) 제사로 중시되었고 자연신에 대한 제사는 사직(社稷) 제사였다.

【사(社)는 토지의 신이고 직(稷)은 곡물의 신이다.】

춘추 시대에 이르기까지 중국에서는 지배층과 피지배층을 막론하고 인간사의 길흉화복은 신의 뜻에 달려 있다는 주술적 세계관을 가지고 있었다. 국(國)의 운명을 좌우하는 가장 높은 신인 천(天)이 있었고 천에 영향을 주는 조상신인 선공(先公 : 세상을 떠난 각국의 군주. 칭호는 공(公)이었다.)이 있었다. 조상신은 각 가족이 아닌 씨족 공동체의 조선신(祖先神)이었다. 신의 가호를 받기 위해서는 조상신에 대한 제사가 필수였다.

제사의 계속은 국의 존속을 의미했고 제사가 끊어지는 것은 국의 멸망이었다. 조상신에 제사할 수 있는 유일한 존재는 국의 수장인 공(公)이었다. 진 문공의 예에서 보듯이 춘추 시대에 다른 나라로 망명한 공은 우대 받았는데, 그 이유는 조상신 제사의 중심인물인 그가 해를 당할 경우 해당국의 조상신에게서 받을 재난이 두려워서였다.

춘추전국 시대에 이르러 주 왕권의 약화에 따른 규범의 문란은 그 규범의 근원인 천과 여러 신에 대한 회의를 불러일으켰다. 씨족 질서가 해체됨에 따라 개인의 신분과 지위는 전통이 보장하는 것이 아니라 개인의 노력과 능력에 따라 획득되는 것으로 변화했다. 치열한 겸병 전쟁으로 많은 소국이 사라지면서 신에 대한 회의는 더욱 커졌다.

제자백가는 인간의 본성, 자연의 법칙을 탐구하고 어지러운 사회 현상을 관찰하면서 인간과 천, 인간과 자연의 관계에 대한 인식을 이전과 달리하게 되었다. 순자는 천이 인간사에 개입하지 못한다고 주장했다.

천의 운행에는 상칙(常則 : 일정한 법도)이 있다. 요(堯) 임금을 위해서 존재하는 것도 아니고 걸(桀) 때문에 없어지는 것도 아니다. 치(治)로 천에 대응하면 곧 길(吉)하고 난(亂)으로 대응하면 곧 흉(凶)하다. 본(本 : 농업)에 힘쓰고 절용하면 천도 가난하게 할 수 없고, 잘 보양하고 제때에 움직이면 천도 병들게 할 수 없으며, 올바른 도를 닦아 도리에 어긋나지 않으면 천도 재난을 당하게 할 수 없다.

그러므로 홍수와 가뭄도 그런 사람을 굶주리게 할 수 없고 추위와 더위도 그런 사람을 병들게 할 수 없으며, 요괴도 그런 사람을 불행하게 할 수 없다. 본을 버려두고 사치스럽게 쓰기만 하면 천은 그를 부유하게 할 수 없으며, 잘 보양하고 잘 움직이지 않으면 천은 그를 온전하게 할 수 없으며, 올바른 도를 어기고 함부로 행동하면 천은 그를 길하게 할 수 없다. 그러므로 그런 사람은 홍수와 가뭄이 오기도 전에 굶주리고, 추위와 더위가 닥치지 않아도 병이 나며, 요괴가 나타나기도 전에 불행하게 된다. 타고난 세상은 잘 다스려지던 시대와 같은 데도 재난과 재앙은 잘 다스려지던 시대와는 달리 많은 것 때문에 천을 원망할 수는 없는 것이며, 그들의 행동 방식이 그렇게 만든 것이다. 그러므로 천과 인(人)의 구분에 밝으면 곧 그를 지인(至人 : 덕이 극치에 이른 사람)이라 말할 수 있다.

-(『순자』「천론(天論)」)

춘추전국 시대에 기존에 믿어왔던 신의 권위는 부정되거나 추락하는 가운데, 새로운 신은 나타나지 않았다. 제자백가 사상 중에 종교로 발전한 것은 하나도 없다. 입신양명만을 꿈꾸는 제자백가 학단의 독서인들은 사회를 통합할 종교나 신을 창조할 의도가 전혀 없었다.

법가를 비롯하여 대부분의 지식인에게는 권력이 신이었다. 이러한 배경에서 오직 군주와 지배층의 이익을 위해서 제정된 각종 법규는 윤리적 정당성이나 신성의 허가가 필요하지 않았다.

한국식 표현으로 '하늘 높은 줄 모르는' 중국 지배층이 만든 법의 횡포는 이루 말할 수 없었다. 그리고 법가 정치가 지속됨에 따라 중국 민의 심성도 법가가 바라는 가축에 가깝게 되어갔다. 나

중에 불교가 들어오고 또한 불교에 자극을 받아 도교 등의 민족 종교(?)가 생겼으나 모두 구복 신앙을 벗어나지 못했고 진정한 종교로 기능하지 못했다.

법가의 관점에서 본 민(民)

한국의 기득권층은, 특히 신흥 기득권층의 절대다수가 법가 마인드를 갖고 있다. 그리고 출세하려는 대부분이 또한 법가 마인드를 가지고 있다. 이들의 마음속에는 무엇이 있는가? 기득권층의 대표 격인 정치권은 국민을 어떻게 바라보는가?

저술은 반드시 독자(讀者)를 상정하고 쓴다. 요즈음의 저술은 모든 사람이 잠정적인 독자라는 가정 아래 쓰는 일이 많지만 글을 읽을 줄 아는 사람이 소수였던 전근대에는 저자가 매우 제한적인 독자 군을 상정하고 썼다. 법가의 저술을 보면 독자는 오직 군주 1인이라는 것을 알 수 있다. 그렇기 때문에 여러 사람이 있는 자리에서는, 특히 피지배층인 민이 있는 자리에서는 할 수 없는 말을 거침없이 했다. 특정한 부류의 인간 내면을 적나라하게 드러낸 저술로서 법가는 심리학자의 좋은 연구 대상이 될 수 있다.

전국 시대의 법가는 민을 이용 가능한 물질 자원으로 보았다. 민은 고유한 내재적 가치는 없고 군주에게 유용하게 쓰일 수 있으므로 가치 있는 존재였다. 법가는 민이란 군인과 경작자(=생산자)로 쓸 수 있는 자원일 뿐이라고 독자인 군주에게 거듭 강조한다. 부국강병과 이를 통한 군주의 부귀영화는 민 없이 실현될 수 없다. 타국을 정복하기 위한 군대를 조직하고 군량에 쓰일 곡물을 생산하려면 노동력이 필요한데 민은 이를 위한 자원이다. 군주에게 민은 사유물이며 목적 달성에 불가결한 도구이다. 그러므로 군주는 나름대로의 방식으로 '민을 소중히 여기고' 나아가 '민을 사랑하는[愛民]' 것이다.

> 그러므로 군주가 더 많은 민을 원하는 이유는 쓸모가 있기 때문이다. …
> 군주는 백성을 이용하려고 아낀다.
> −(『관자 管子』「명법 明法」)

법가에게 민은 가축이다. 가축을 키우는 사람이 가축을 아끼는 것처럼 군주는 민을 아끼고 사랑한다.

> 뛰어난 군주는 백성을 길들이는 고귀한 존재이다. 백성은 각기 다른 유용한 능력을 가지고 있다. 그러므로 뛰어난 군주는 사람의 재주를 자원으로 다루고 그들 모두를 길들인다.
> −(『신자(愼子)』「민잡(民雜)」)

법가는 군주를 목자(牧者), 관료와 민은 모두 길들일 가축으로 보았다. 그러므로 법가는 '목민(牧民)' '목신(牧臣)' '축신(畜臣)'

등의 표현을 쓴다. 법가의 논설 중 상당수는 민을 가축으로 취급해 길들이는 기술을 말하고 있다.

짐승을 길들이려면 당근과 채찍 둘 다 있어야 한다. 그것이 상과 벌이다. 법가는 상과 벌을 주는 기교에도 많은 공을 들여 논했다.

민을 향한 군주의 '애정'은 목자가 양떼를 '아끼는' 것과 같다. 법가는 인의(仁義)가 군주와 나라에 해로운 것이라 비난하면서도 인정(人情)을 드러내어 '민심을 얻는 일'의 실용성은 잘 알았다.

법가는 민은 이기적이고 악하고 어리석다고 보았다. 그들은 자신에게 이익이 되는 일이 무엇인지를 모른다고 했다.

> 민의 지혜는 마치 어린아이의 마음과 같아 쓸 수가 없다.…
> 만일 군주가 밭을 갈고 김을 매라고 다그쳐 생업이 후해지더라도 너무 엄하다고 여길 것이다. 형법을 정비하여 벌을 엄중히 하는 것은 악을 금하기 위한 것이나 군주가 가혹하다고 여길 것이다. 돈과 곡식을 거두어들여 창고를 충실히 함은 장차 기근으로부터 구하고 전쟁에 대비하려는 것이나 군주가 탐욕스럽다고 여길 것이다.…
> 그러므로 정치를 하면서 백성의 마음에 맞추기는 불가능하며, 맞추기를 기대하는 것은 모두 난을 일으키는 빌미가 되니 더불어 정치를 할 수가 없다.
> —『한비자(韓非子)』「현학(顯學)」

법가가 보기에 민은 진정한 이익이 무엇인지 알지 못하는 가축과 같은 존재이다. 스스로 무엇을 할지 모르는 가축처럼 민도 스스로 행동을 취하면 안 된다. 다시 말해 자율적이 되면 안 된다.

진(秦)나라를 전국칠웅 가운데 압도적인 강대국으로 성장시킨 소양왕(昭襄王, 재위 B.C. 307~B.C. 250) 치세 때의 일이다. 왕이 병에 걸리자 백성들이 마을마다 소를 사두고 집집마다 건강 회복을 기원하여 기도했다. 재상 공손술(公孫述)이 이 일을 소양왕에게 보고하며 축하했다. 왕은 사실 여부를 확인하고 제물을 바친 백성에게 벌금을 부과하라고 명령하며 그 이유를 말했다.

사람마다 갑옷 두 벌 값을 벌금으로 부과하라.
무릇 명령도 내리지 않았는데 제멋대로 기도하고 있으니 이는 백성들이 과인(寡人)을 사랑하는 것이다.
무릇 백성들이 과인을 사랑하면 과인 또한 법을 고치고 마음으로 그들과 더불어 서로 따라야 하니, 이렇게 해서는 법이 서지 못한다. 법이 서지 못하면 나라가 어지러워지고 이는 망하는 길이다. 사람마다 벌로 갑옷 두 벌 값을 물게 하여 다시 정치를 바르게 하는 것만 못하다.

민이 스스로 판단해서 행동을 취하는 것은, 그러니까 자율성을 갖추는 것은 군주에게는 매우 위험한 일이다. 자신의 의지가 없이 오직 군주의 명령만 따르는 민이 법가에게는 이상적인 백성이다. 군주는 민이 자율, 자조, 자립하지 못하도록 해야 한다. 법가 군주가 고대 그리스의 민주정(Demokratia)을 알았으면 세상에서 가장 못된 정치체제라 했을 것이다. 법가는 서구에서 20세기에 출현한 전체주의(全體主義 : Totalitarianism) 사상과 일맥상통한다.

길들일 수 없는 가축은 빨리 도살해야 하듯이 길들일 수 없는 민[不牧之民]은 반드시 제거해야 한다. 법가 체제에서는 온순하게 길들여져 순종하고 복종하는 가축 같은 민으로 충만하기를 지향하는데, 체제가 오래가면 실제로 그러한 민이 늘어난다.

이들은 법가의 '인간 개조 프로그램'에 따라 생긴 '새로운 인간'이다. 이들은 "죽음의 위험에 용감하게 맞서 충성스럽게 희생하고 … 식견이 적고 명령에 잘 따르며 … 재능 없이 힘든 노동을 통해 살아가고 … 단순하고 순수하고 우직하며 … 명령을 소중히 여기고 일을 황송하게 받들며 … 도둑을 고발하고 반역 행위를 알리는"(『한비자』「육반(六反)」) 사람이다.

순리(循吏)와 혹리(酷吏)

혹리 열전을 만들어 논찬한 사마천이나 반고(班固)는 혹리에 매우 부정적이었다. 다음은 반고의 평이다.

공자는 "정령으로 유도하고 형벌로 구속하면 백성은 구차하게 빠져나가려만 하되 부끄러움을 모르게 되고 덕치로 이끌고 예로 단속하면 부끄러움을 알고 나아가서 행동이 바르게 된다."라고 하였다. 노씨(老氏 : 노자)는 … "법령이 늘어나고 복잡해지면 도적이 많이 생긴다."라고 하였다. 이런 말씀은 아주 정확한 내용을 담고 있다.

법령은 다스리는 데 필요한 도구이지만 선악을 다스리는 근본 처방은 아니다. 예전 천하의 법망이 아주 촘촘했으나 법을 어기는 자들이 아주 많아지더니 극한에 이르러 아래위가 서로 속이다가 구제할 수 없는 지경에 이르고 말았다. …

한나라는 건국 후 제도의 모난 구석을 둥글게 깎아 간단하게 하고, 각종 문양을 새길 때 질박하게 하며, 법망은 배를 집어삼킬 크기의 물고기도 빠져나갈 수 있을 만큼 성기게 하겠다고 선전했다. 그리하여 관리들이 관대하고 순박하게 다스려도 법을 어기는 무리가 나오지 않고 질서가 잘 잡혀 백성이 편안히 살 수 있었다. 이런 점에서 볼 때 다스림의 관건은 관대함에 있지 가혹함에 있지 않다.

순리와 혹리라는 표현에서 알 수 있듯이 중국 사회는 법 집행 방식의 차이로 관리를 구분했다. 이는 중국이 그 방대하고 엄밀한 법 규정에도 불구하고 법치 사회가 아니라 인치 사회임을 잘 보여준다. 즉 법가 사회는 본질적으로 인치이다.

리(吏)의 뜻을 살펴볼 필요가 있다. 관리(官吏)라고 연칭(連稱)하지만 관(官)과 리(吏)는 차이가 있다.

리는 행정실무를 맡는 직급이 낮은 벼슬아치로 조선에서는 아전(衙前)이라 했다. 아전은 정청(正廳 : 군수·현령 등 지방수령이 근무하는 곳) 앞에 그들이 근무하는 청사가 있었기 때문에 생긴 이름이다.[아(衙)는 관청이란 뜻이니 아전(衙前)은 직역하면 '관청 앞'이 된다.]

정청 앞에 있는 이방청(吏房廳)을 비롯한 육방청(六房廳)이 외아전의 주 근무처였다. 아전은 일명 이서(吏胥)라고도 했다.

아전은 크게 서울에서 근무하는 경아전(京衙前)과 지방에서 근무하는 외아전(外衙前)으로 구분할 수 있다.

중앙의 각 관청에 근무하는 경아전으로는 녹사(錄事 : 의정부나 중추원에 속한 실무자)·서리(書吏)·조례(皂隷)·나장(羅將)·차비군(差備軍) 등이 있었다. 외아전은 향리(鄕吏)와 가리(假吏)로 나누는데, 향리는 그 지방 출신으로 대대로 아전을 하는 사람이고,

가리는 다른 지방에서 와서 임시로 근무하는 아전이다.

조선 시대에 아전은 모두 중인 계층이었는데 경아전의 녹사는 종6품까지 승진할 수 있었고, 서리는 종7품 또는 종8품까지 승진할 수 있었다.

조선 시대에 외아전인 향리는 탄압을 받아 과거 응시 자격이 대폭 제한되었으며 녹봉도 없었다. 세종 대부터는 이들에게 주어 오던 외역전(外役田)을 혁파했으며, 원악향리처벌법(元惡鄕吏處罰法)을 만들어 향리의 토호적 성격을 제압했다.

전근대에서 리는 청렴과 법 집행을 기준으로 하여 네 가지로 분류가 가능하다.

1. 청렴하고(뇌물 수입을 바라지 않고) 인정사정 보고 법 집행을 하는 자
2. 청렴하고 인정사정없이 법 집행을 하는 자
3. 부패하고(뇌물 수수에 열중하고) 인정사정 보고 법 집행을 하는 자
4. 부패하고 인정사정없이 법 집행을 하는 자

1과 3유형은 순리이고 2와 4유형은 혹리이다. 순리는 칭송을 받고 혹리는 민의 증오를 샀다. 한국이나 중국에서나 유학자들은 거의 예외 없이 순리를 이상적으로 보았다. 정약용(丁若鏞, 1762~1836)은 청렴하나 각박한 관리, 즉 2유형의 혹리를 최악이

라 여겼다.

여기서 2유형의 혹리는 4유형의 혹리보다 낫다고 생각할 수 있다. 그러나 4유형은 이론적으로는 있을 수 있어도 실질적으로는 존재 가능성이 거의 없다. 법 집행권이 있으므로 뇌물 수입이 가능한 것인데 법 집행을 규정대로만 하면 뇌물을 주려고 흥정하는 자가 있을 수 없기 때문이다. 그러므로 중국이나 조선이나 혹리는 대체로 청렴했고 순리는 대체로 부패했다.

서양의 관점으로 보면 인정사정 잘 보는 순리는 법을 문란하게 하는 주범이고 혹리가 바람직한 존재이다. 그러나 민의 입장으로 보면 부패하더라도 법 집행에 융통성을 발휘하는 순리가 유익한 존재이다. 법을 엄격히 집행하는 혹리가 비난을 받은 것은 법 자체가 공정하지 않고 민을 통제 처벌하려 만들었기 때문이다. 법을 제정하는 목적이 서양과 근본적으로 다른 법가 문화에서는 바람직한 관리 유형이 다를 수밖에 없다.

【법가 통치하에서는 순리와 혹리가 병존할 수밖에 없는데, 장기적으로 상하 막론하고 거의 모두가 범법자가 된다. 군주는 누구라도 범법자로 몰아 처벌할 수 있다. 실제로 본보기로 비위에 거슬리는 신하들을 처벌하기도 한다. 이러니 모두가 군주의 눈치를 볼 수밖에 없다. 법가식으로 통치를 하면 약간의 수완만 있으면 대개 장기 독재에 성공한다.

한국사회에는 '봐주기 문화' '좋은 게 좋은 거야 문화'가 있는데, 이는 법치 사회가 아닌 법가적 사회임을 뜻한다.】

관(官)은 사또, 군수 등 지방 수령을 목민관(牧民官)으로 지칭하는 것에서 알 수 있듯이 품계가 높은 고위관료이다. 장(長)급 직책은 거의 관이다. 관은 실무를 담당하지 않고 리를 부린다. 다시 말해 리를 관리(管理)하고 감독(監督)한다. 그러므로 리와 성격이 다른 점이 있었다.

아전을 부리는 목민관인 지방 수령은 청렴과 현명함에 따라 네 가지로 분류할 수 있다.

1. 청렴하고 현명한 자(아전에 속지 않는 자)
2. 청렴하고 어리석은 자(아전에 속아 농락당하는 자)
3. 부패하고 현명한 자
4. 부패하고 어리석은 자

1유형을 빼고는 모두 폐해가 많은데 2유형이 3유형보다 폐해가 큰 경우가 많았다. 부패하고 현명한 목민관은 아전의 횡포나 부패를 어느 정도 통제하고 자기 몫도 적당히 챙기는데, 이는 결과적으로 아전이나 민에게는 베푸는 것이므로 의외로 평이 좋았다.

정약용은 청렴하지만 각박한 목민관을 혹평했는데, 이는 민의 이익을 기준으로 보았기 때문이다. 각박한 것은 베풀 줄 모르는 것이다. 목민관은 무엇으로 어떻게 베푸는가. 민에게 불리한 공정하지 못한 법의 집행을 느슨히 하고 조세, 공물 등 각종 부담을 적게 하는 것이다. 그러므로 실무를 담당하는 아전을 잘 관리하는 것이 관건인데 아전을 청렴이라는 채찍으로만 다스릴 수는 없다. 녹봉이 없는 아전의 이익도 인정할 필요가 있다. 아전의 입장으로 보면 민의 부담 정도를 흥정하는 것이 그들의 일이므로 수수료(=뇌물)를 받는 것이 부당한 것이 아니다. 당근을 쓰지 않는 목민관은 아전의 더욱 교묘한 부패를 유발해 민의 부담이 더 커진다.

그리고 전근대 사회에서는 거의 모든 국가가 고문을 수사 기법으로 허용했다는 것을, 특히 동아시아 한자 문화권에서 형신(刑訊 : 고문하여 신문함)이 심했음을 잊지 말아야 한다.

법에 규정된 형구(刑具 : 고문 도구)로 신문하므로 형신 또는 형문(刑問)이라 했다. 형신은 찰자(拶子 : 손가락을 옥죄는 고문 도구), 각곤(脚棍 : 다리를 조이는 형구), 신장(訊杖 : 죄인을 때리는 몽둥이)으로 했다. 찰자를 쓰는 찰형(拶刑)은 여성 죄수와 피의자를 대상으로 한다. 찰형은 손가락이 떨어지는 듯 엄청난 고통을 준다. 형신은 옥송(獄訟 : 형사 사건의 송사)뿐 아니라 사송(詞訟 : 민사 사건의 송사)에서도 허용했으므로 전근대 유교 사회에서는 송사 자체를 꺼렸다.

옥송이나 사송에서 순리와 혹리의 일처리는 매우 다른데, 혹리를 원망하는 경우가 많을 수밖에 없었다.

청렴하고 현명한 목민관은 어느 정도 아전의 이익을 인정했다. 그는 백성에게 베풀고 아전의 이익도 침해하지 않고(아전의 이익은 성문법으로는 부정부패이지만 관습법, 자연법으로는 정당성이 있었다.) 자신은 녹봉 이외의 수입은 거절하는 사람이니 모두가 우러러보았다. 그러나 이러한 인간 유형은 매우 드물다. 장기적으로 보아 법가 사회에서 부정부패가 만연하는 것은 필연이었다. 크고 작은 다양한 완장을 찬 인간 군상의 양심에만 기대는 인치의 사회가 지옥과 다름이 없음은 20세기 중반에 탄생한 '조선민주주의인민공화국'이 잘 보여주고 있다.

  법가 문화의 전통이 강한 나라는 민간 분야이건 정부 영역이든 '정의'를 세우기가 매우 어렵다. 공권력이 모든 분야에 침투해 있으므로 어찌 보면 모든 분야가 관의 영역인 측면이 있어 일이 터지면 민이 책임을 져야 할지 정부가 비난받아야 할지 애매하다. 민간 부분이나 정계 관계를 막론하고 '순리형 관리자'가 호평을 받게 마련인데, 이는 바로 법치의 훼손이다.

3장

지식인의 탐욕, 지식인 통제

흔히 한국사회에서 지식인 또는 엘리트 소리를 듣는 직종은 교수, 검사, 판사, 변호사, 선호하는 언론매체의 기자 등등이다.

이들은 체제의 혜택을 받는 자들인데, 사기 탄핵이라는 반란에 대거 가담했다. 이는 한국의 학교제도, 각종 시험제도 그리고 그 보상 체계와 깊은 관련이 있다.

재능이 많다고 자부하는 이들의 욕구는 유달리 크다. 이들의 욕구를 잘 달래고 통제하는 것이 체제 유지와 국가 공동체 성장에 필수인데, 방향이 잘못되면 장기적으로 국가 멸망을 가져온다.

과거제 도입

　군주나 집권자 혼자 통치할 수 없으므로 어느 시대나 관료제를 만들고 적합한 사람을 선발하여 충원한다. 여기에는 어떤 사람이 가장 바람직하며 그런 사람을 선발하는 방법은 무엇인가 하는 문제가 있다.
　자손만대 권력을 유지하려는 군주 입장에서 보면 능력과 품성을 기준으로 신하를 4부류로 나눌 수 있다.

　1. 능력이 뛰어나고 충성스러운 자
　2. 능력은 있으나 충성심이 없는 자
　3. 능력은 없으나 충성스러운 자
　4. 능력도 없고 충성심도 없는 자

　1유형에 해당하는 대표적 인물은 제갈량이고
　2유형에 해당하는 대표적 인물은 조조이다.
　군주의 입장에서는 1유형이 가장 바람직스럽고 2유형이 최악이다. 3유형은 무난하다(어느 시대이건 능력자는 소수이다.). 4유형도 그다지 걱정스러운 존재는 아니다.

그러나 인간 세상에서 1유형과 2유형에 해당하는 인물을 가려낼 방법은 없다. 품성을 정확히 파악하는 것은 불가능하다(인간은 진화하면서 여러 능력을 발전시켰는데 특히 기만 능력을 발전시켰다.). 능력은 여러 가지 방법으로 아주 정확하지는 못해도 어느 정도 파악하는 것이 가능하다. 그중 하나가 시험제도이다.

300년에 가까운 분열을 끝내고 수 문제 양견은 589년 중국을 통일했다.

역대 중국의 왕조 멸망, 새로운 왕조의 성립에서 독서인의 역할이 너무나 컸으므로 이들이 체제에 반기를 드는 것을 막고 잘 통제하는 것이 왕조 장기 존속의 관건이 된다는 것을 모두 깨달았다. 우선 찬탈의 선구인 왕망과 조조가 당대의 뛰어난 지식인이었다.

수 문제가 독서인 통제를 위해 고안한 관리 선발제도가 바로 과거이다. 본래 중국에서 관리 등용은 선거라 했으나 수·당에서는 시험을 쳐서 선발했는데 수재과(秀才科), 명경과(明經科), 진사과(進士科) 등 여러 과목(科目)이 있었으므로 '과목(科目)에 의한 선거(選擧)'였다. 당나라에서 이를 줄여 과거(科擧)라는 용어가 생겼다.

이전의 선거에서는 아무래도 지연, 혈연, 학연 등 각종 줄과 로비 활동이 필요한데(삼고초려라 하지만 제갈량이 유비에게 로비한 흔적도 있다. 강태공이 주 무왕을, 제갈량이 유비를 낚았다고 할 수도 있다.), 시험 성적으로 관리 임용을 하는 과거제에서는 출세하지 못한 지식인이 '잘못된 세상' 탓을 할 여지가 줄어들었고 훨씬 체제 순응적이 되었다. 과거제가 성숙한 송대 이후 황제 권력에 어느 정도 독립적인 귀족 계급은 사라지고 제위를 찬탈하려는 신하가 나타나지 않고 왕조 교체는 이민족의 침입으로만 이루어진 것을 보면 과거제는 확실히 왕조를 장기 유지하는 데 효과적이었다. 합격하는 데 오랜 세월이 걸리는 과거제도가 도입된 이후 중국 지식인은 이 시험에 인생을 저당 잡혔다.

처음 당대의 과거는 후세의 회시(會試)에 해당하는 공거(貢擧)에 합격하면 바로 진사가 되었다. 공거 합격자들은 시험관인 지공거(知貢擧)의 집으로 찾아가 감사를 표했다. 마당에서 대면하고 각자 나이, 이름, 석차를 대며 스승과 제자 서약을 맺었다. 이 지공거를 좌주(座主), 스스로를 문생(門生 : 문하생)이라 이르면서 평생 변치 않는 교분을 맹세했다.

당 태종이 과거를 실시한 후 새로이 진사가 된 사람들이 열을 지어 관청에서 물러나는 것을 보고 "천하의 영웅은 내가 친 그물 속에 다 들어와 있구나(天下英雄入吾彀中矣)"라고 외쳤다는 일화에서 과거의 본질을 파악할 수 있다. 과거제도는 법가에서 말하는 술(術)의 발전된 형태로 볼 수 있다. 군주의 지식인 통제술이라는 측면이 가장 중요했다. 그러므로 과거제 비판은 당나라 시대부터 있었다. 진짜 인재가 아닌 헛된 재주를 지닌 자를 뽑는 시험이라는 것이 청 말까지 끊임없었던 과거제 비판의 요지였다.

과거는 귀족이나 호족에 유리한 선거보다는 더 기회균등적으로 보였다. 그러나 장기간 매달려야 하는데다가 비용도 많이 들어 역시 기회균등과는 거리가 멀었다. 대개 30대 이후 합격하므로 가족을 부양하고 생계를 유지할 형편이 못 되면 결혼도 못 하고 늙어만 갔다. 권력이 이 비용을 부담하면 웬만큼 문제가 해결되겠지만 그럴 재정 여유가 없었다.

【송나라 6대 황제인 신종(神宗, 재위 1067~1085) 희녕(熙寧) 2년(1069) 진사과 한 과목만 남기고 다른 과목은 폐지하였다. 이후 과거 급제자는 모두 진사라 했다. 조선의 진사와 중국의 진사는 매우 다르니 유의해야 한다.】

과거 급제에 대한 보상

역대 중국 황제들은 지식인들이 과거에 몰두하기를 바랐다. 송의 3대 군주 진종(眞宗, 재위 997~1022)은 과거를 장려하려 권학가(勸學歌)를 지었다.

富家不用買良田	부자가 되려는데 좋은 밭을 살 필요가 없다.
書中自有千鍾粟	책 속에 바로 많은 곡식이 있다.

安居不用架高堂	편안하게 살려고 높은 집을 지을 필요가 없다.
書中自有黃金屋	책 속에 바로 황금으로 꾸민 저택이 있다.
出門莫恨無人隨	외출할 때 따르는 하인이 없음을 한탄 마라.
書中車馬多如簇	책 속에 수레와 말들이 수없이 있다.
娶妻莫恨無良媒	아내를 구해 줄 좋은 매파 없음을 한탄 마라.
書中自有顏如玉	책 속에 바로 옥같이 고운 얼굴이 있다.
男兒欲遂平生志	사나이가 평생의 뜻을 이루고자 한다면
六經勤向窓前讀	창 앞에 앉아 부지런히 육경을 읽을지니라.

그러나 진종의 권학가는 현실에 비추어보면 거짓말이었다(어떠한 국가도 이러한 보상을 해줄 수 없다.). 청춘을 바쳐 갖은 고생 끝에 과거시험에 합격해도 기대와 달리 보상이 신통치 않았다. 공식적인 수입은 녹봉이 전부인데 역대 중국 왕조에서 관리의 녹봉은 넉넉하지 않았다. 정2품 정도의 고관이 되어야 미모의 첩을 거느릴 만큼 여유가 생기는데 고관이 되는 이는 극소수였고, 그 자리에 오래 머무르기는 더욱 어려웠다. 과거를 통해 관인이 된 이들은 실망감 정도가 아니라 배신감을 느낄 정도였다(과거 응시자들의 보상 심리는 엄청났다.).

그러나 관리가 백성에게 주는 영향이 엄청나므로 마음만 먹으면 막대한 비공식 수입을 얻어 호사스러운 생활을 누릴 수는 있었다. 구조적 심리적으로 중국 관료의 부패는 정해진 것이었다.

북송의 시인 조충지(晁冲之)는 철종(哲宗, 재위 1085~1100) 연간 당쟁이 격화되자 벼슬에 회의를 느껴 고향으로 돌아가 은거했는데, 다음과 같은 시를 지었다.

夜行 밤길

老去功名意轉疎	나이를 먹어가니 공명에 대한 생각도 시들해져
獨騎瘦馬取長途	홀로 파리한 말에 올라 먼 길을 나섰네.
孤村到曉猶燈火	쓸쓸한 마을에 새벽녘까지 아직도 등불이 타고 있으니
知有人家夜讀書	어느 집에선가 밤새워 공부하는 이가 있음을 알겠구나.

과거 합격의 보상이 별것 없음을 은유한 시이다. 그러나 지식인이 과거 이외에 할 일은 없었다. 과거에 급제해도 실망이지만 급제하지 못하면 절망이었다. 대한민국에서도 사정은 비슷하여 명문대 합격자나 각종 국가시험 합격자는 그 보상이 신통찮은 데 실망한다.

그러나 그 '별것도 아닌' 보상마저도 누리지 못하는 이들에게는 엄청난 것으로 보인다.

【보상 심리가 기득권 하층에 속하는 애들이 좌파 사상(?)에 기울게

되거나 정변 또는 반란에 가담하는 주요 원인이다. 윤석열을 보라! 특정 시험에 합격해도 물려받은 재산이 많거나 처가가 부유하지 못하면 하층 기득권층을 면하지 못한다. 그 설움은 엄청나다. 위로 올라가기 위해 못 할 짓이 없다는 마인드를 가지기 쉽다. 용의 꼬리보다 닭의 머리가 나은 것인가. 카이사르는 로마의 2인자가 되기보다는 작은 마을의 1인자(촌장)가 되겠다고 말했다.】

과거제로 멸망한 명 왕조

　시황제는 지식인에게 벌만 주었지 상을 주지 않아 이반을 초래했고 이것이 진을 단명하게 했다. 이에 비해 주원장은 엄격한 사상 통제를 하면서도 지식인에게 지나칠 정도의 특혜를 주어 체제로 끌어들였다.
　왕조를 세우는데 유기(劉基), 송렴(宋濂) 등 저명한 지식인의 도움을 받았던 주원장은 지식인을 철저히 장악해야 왕조가 오래 갈 수 있음을 명확히 인식했다. 즉 술의 중요성을 절감했다. 민은 가혹한 법률(대명률)로 통제했고 신하가 될 지식인은 과거제도로 통제했다.

　송대 이후 과거는 지방에서 치르는 향시(鄕試), 수도에서 치는 회시(會試) 그리고 황제가 주관하는 전시(殿試) 3단계로 치러졌다. 향시는 3년에 1회, 즉 자년(子年), 묘년(卯年), 오년(午年), 유년(酉年)마다 거행했다.
　주원장은 국립학교로 수도에 국자감(國子監)을, 지방에는 부학(府學)·주학(州學)·현학(縣學)을 세웠다. 부학·주학·현학은 소재지만 다를 뿐 동급이었다.

주원장은 학교제도와 과거제를 결합시켰다. 즉 국자감·현학·주학·부학 등 학교(국립학교)를 다녀야만, 다시 말해 감생(監生 : 국자감 학생)이나 생원(生員 : 지방 국립학교 학생)만 과거에 응시할 수 있었다. 그러므로 동시(童試 : 학교입학시험)도 과거의 일환이 되었다.

동시도 3단계 시험이었다. 현에서 치르는 현시(縣試), 부에서 치르는 부시(府試) 그리고 최종 시험인 원시(院試)가 있었다. 현시 합격자 수는 입학 정원의 4배, 부시 합격자 수는 입학 정원의 2배 정도 뽑았다. 동시 수험생은 나이에 관계없이 모두 동생(童生)이라 했다. 동생 가운데는 나이가 40이 넘은 사람도 있었다. 동시는 해마다 있었던 것이 아니라 3년에 2회 정도 치러졌다.

동시에 합격하여 생원이 되면 거주지에 따라 부학, 주학, 현학을 다녔다. 생원은 수재라고 부르기도 했다. 수재가 되기도 어려웠다.

생원은 남색 바탕에 검정 테두리가 붙은 제복을 입고 작정(雀頂)이라는 모자를 썼다. 생원은 구품관(九品官에)에 준하는 대우를 받았다. 우선 요역(徭役)을 면제받았고 기타 세금도 감면받았다. 평민은 생원에게 길을 양보해야 했고 무례하게 굴면 관리 모독죄로 처벌받았다. 범죄 혐의가 있어도 관헌은 학교 교관의 동의 없이는 생원을 체포할 수 없었다.

향시 합격자를 거인(擧人)이라 했는데 역시 그 지위를 평생 유지했다. 거인의 사회적 위상은 엄청 높았다. 거인은 회시를 칠 수 있었고 관료로 천거될 수도 있었다. 거인 가운데 수석 합격자를 해원(解元)이라 했는데 대단한 명예로 여겼다.

【송나라 때에는 향시를 해시(解試)라 했으므로 수석 합격자를 해원이라 했다. 후에 해시가 향시로 이름이 바뀌었어도 해원이란 표현을 계속 썼다.】

주원장은 생원, 감생, 거인 등 학위(學位)층에게 요역(徭役) 면제 등 특권을 주었다. 학생 자격과 거인 자격은 평생 유지되도록 했다. 이 때문에 과거 응시자가 송나라 때에 비해 대폭 늘었다.

【전통적으로 중국에서는 요역의 면제가 사서(士庶 : 지배층과 피지배층)를 구분하는 기준이었다. 학위층에게 요역을 면제했다는 것은 권력이 이들을 지배층으로 공식 인정했다는 말이 된다. 명과 청에서 학위층은 스스로를 치자 계급으로 인식했다. 동생(童生 : 동시 응시자)마저도 치자 의식을 가졌다.

대한민국에서도 1987년 이전까지는 학위층이 은근히 치자 의식을 가졌고 일반 국민도 이들을 잠재적인 치자로 인식했다. 이 치자 의식은 끊임없었던 학생운동의 기반이었다. 대학생 수의 급증에 따라 치자 의식은 차츰 소멸해 갔고 이에 따라 학생운동도 시들해졌다.】

생원, 감생, 거인은 동류의식을 가졌고 신사(紳士) 계급이 되었다. 이들 학위층의 수는 명나라 말기에는 50만 명이 넘었다. 지적으로 좀 뛰어나다는 자는 모두 과거에 매달렸다.

그리고 자유로운 발상을 막고 머릿속까지 통제하려고 팔고문(八股文)으로만 과거 답안을 작성하도록 했다.

> **팔고문(八股文)**
>
> 명·청 시대에 과거시험의 답안 작성에 사용하도록 규정된 특수한 문체로 시문(時文), 사서문(四書文), 제예(制藝), 경의(經義), 정문(程文) 등으로도 부른다. 이 문체는 파제(破題), 승제(承題), 기강(起講), 입제(入題), 기고(起股), 중고(中股), 후고(後股), 속어결구(束語結句) 여덟 부분으로 구성되는데 이를 통해 '사서(四書)'를 중심으로 한 유가 경전의 내용을 논술식으로 서술하는 것이다.
>
> 이 문체는 실용성이 전혀 없었다. 팔고문은 비록 '성인을 대신하여 논의를 세운다. [代聖立論]'는 명분을 내세우지만 사실상 각 부분에 엄격하게 규정된 형식에 따라 일정한 글자 수를 써서 하기 때문에 자기주장이나 창의적인 내용을 쓰는 것은 불가능했다. 팔고문은 오랜 세월 익히고 연습해야 쓸 수 있으므로 중국 지식인은 문장 기교만 알고 다른 것은 전혀 모르게 되었다.

그러나 팔고문 답안을 잘 지어 합격한 관리들은 시무에 너무나 무능했다. 그리고 무식했다. 팔고문으로 쓰는 과거시험은 사서인

『논어』『맹자』『대학』『중용』만 읽으면 되지 다른 어떠한 책도 읽을 필요가 없었다. 예로부터 문장의 모범으로 칭송되어 온 사마천의 『사기』조차 읽을 필요가 없었다. 그러므로 과거 급제자들은 중국사에도 무지했다. 이들은 사고가 정지된 자들로 안보, 경제, 각종 사회문제 해결책은 발상도 못 했다. 권력에 굴종할 줄만 알고 부귀공명 이외의 다른 어떤 것에는 신경도 쓰지 않았다. 이들은 전제 권력에 저항할 생각도 못 했지만 충성할 마음은 더욱 없었다.

명의 멸망은 과거로 뽑은 관료의 무능과 무책임, 기회주의 속성에 따른 결과였다.

16세기 들어 소빙하기의 기후변화에 따른 한랭화로 흉년이 잦아져 민생이 어려워졌다. 17세기 들어 농민반란은 빈번해지고 식량이 부족해진 여진족도 남하해 변경을 공격했다.

명 말의 농민반란은 기근에 따른 농민들의 기아 폭동에서 시작되어 점점 규모가 커져갔다. 농민반란은 만주족의 침입 이상으로 명나라 멸망에 기여를 했다. 내부적으로 내란 상황하에서 명 왕조가 만주족의 공세에 전력을 집중할 수 없었던 것이다.

1627~1628년에 걸쳐 섬서성 북부를 휩쓴 기근으로 각지에서 농민 폭동이 일어났다. 농민들은 초근목피에 심하면 인육까지 먹을 정도로 상황이 극한적이었다. 기아에 몰린 농민들은 무리를 지어 부호들의 곡식을 약탈했고 결국 관군과 충돌해 국가권력에 저항하는 유구(流寇)세력으로 성장했다. 명 조정은 이들을 '토적

(土賊)' 또는 '토구(土寇)'로 불렀다.

이들은 왕가윤(王嘉胤)이 지도자가 되면서 초기의 개별 분산적인 단계를 넘어 차츰 결집된 반란의 성격을 띠기 시작했다. 이렇게 형성된 반란 집단에는 열악한 식량 사정으로 군대에서 탈영한 병졸도 많이 가담했으므로 구성원들이 단순하지는 않았다. 이들은 크게 농민·병졸·마적집단으로 나눌 수 있다. 기근으로 식량폭동에 가담한 농민과 원래부터 도적인 마적을 제외한 병사들의 반란은 만주족의 침입과 그에 따른 명 조정의 정책과 깊은 관계가 있다.

병사들의 폭동은 당시에 '병변(兵變)'이라 했는데, 대개는 군량 부족으로 인한 것이다. 명 조정은 만주족의 침입에 대비해 북쪽 변경 지대의 군사들을 모으고 이들을 북경 주변에 집중적으로 이동, 배치했는데 양식이 충분히 배급되지 않아 불만이 높아갔다. 병사들은 근무지로 행군하는 도중이나 주둔지에서 탈영했고 집단으로 폭동을 일으키는 일이 허다했다.

이외에 역졸(驛卒)들도 대거 반란에 참여했다. 명나라는 건국 초부터 전국의 주요 교통로에 역참(驛站)을 설치하고 역졸을 배치했다. 이때에 이르러 재정난으로 역참을 대폭 축소했는데, 연간 60만 량의 역전은(驛傳銀)을 절약하기 위해서였다. 실업자가 된 역졸들이 대거 반란에 동조했다. 역졸은 무뢰배 출신이 대부분이었으므로 역참을 폐지해 이들을 내보낸 것은 이리떼를 들에 풀어놓은 것이나 다름없었다. 병사와 역졸들은 단순히 굶주림에 폭동을 일으킨 농민과는 달리 비교적 조직적이고 무장된 세력이

어서 반란 집단의 군사력이 강화되었다.

천계 7년(1627) 8월 천계제(天啓帝) 주유교(朱由校)가 후사 없이 사망하자, 천계제의 아우 주유검(朱由檢)이 17세의 나이로 제위에 올랐다. 그가 명나라의 마지막 황제인 숭정제(崇禎帝, 재위 1627~1644)다.

비상시국에 즉위한 숭정제는 기백이 날카롭고 의욕이 충만해 위충현(魏忠賢) 등 환관세력을 일소하는 등 국가 기강을 바로잡으려 했다. 그가 즉위할 무렵 명 제국의 부패는 극심했다.

명 말기에 쓰인 관료 평에 이런 것이 있다.

매미는 비린 고기에 모여들고 파리는 상한 음식에 덤빈다더니, 지금의 벼슬아치들이 그렇다.

당시의 관료상을 정통으로 찌른 말이다.

1630년 왕가윤 등의 농민반란군이 황하를 건너 산서성으로 세력을 확대했다. 하곡(河曲)을 점령해 거점을 확보한 뒤 조정의 초무정책에 화전 양면으로 대응하면서 평양(平陽) 일대까지 영역을 넓혔다. 당시 반란군의 활동무대는 산서성 일대에 집중되었고 섬서성에서도 활동하고 있었다.

1631년 여름 왕가윤이 부하에게 살해되었을 무렵 반란군의 규모는 20여 만의 병력이었다. 왕가윤 사후 이들은 왕자용(王自用)을 중심으로 활동했다.

1631년을 기점으로 명은 회유책에서 강경 진압으로 나섰다. 새로이 반군 토벌의 책임을 맡은 홍승주(洪承疇)는 전임자와 달리 철저한 진압책을 산서성·하남성의 접경지대를 중심으로 방위선을 구축했다. 홍승주의 토벌은 성공해 1633년에는 반란군의 세력이 크게 약해졌다.

　명 말기의 농민반란에서 가장 중요한 인물은 이자성(李自成)이다. 가세가 몰락해 역졸이 된 이자성은 역참의 철폐로 일자리를 잃고 1633년 농민반란군에 가담했다. 반란군 두목의 하나인 고영상(高迎祥)의 부장이 된 이자성은 차츰 두각을 나타냈다.

　1635년 하남성에서 농민반란군 수령들이 회합을 가졌다. 이른바 13가(家) 72영(營)의 반란군이 관군과의 전투 분담을 결정했다. '가'는 수만에서 10만에 이르는 많은 부하를 거느린 두목 내지 집단을 뜻하며, 1만 이상은 대영(大營), 1천 이상은 소영(小營)이라 했다. 13가 72영의 회합에서 이자성은 명의 진압군에 대한 통일적인 작전을 주장해 여러 파가 각자 지역과 책임을 분담하도록 했다. 이 합의에 이르는데 이자성의 역할이 두드러져 농민반란군 사이에서 그의 지위와 성가가 한층 높아졌다.

　1636년 서안(西安)에서 행군하던 고영상이 체포되어 처형되자 이자성은 그 자리를 계승해 독자세력으로 성장했다. 명군의 강력한 토벌로 반란세력은 1637년부터 1639년까지 매우 위축되었다. 그러나 1639년 중국의 각 지역이 기근에 휩싸이자 다시 활기를 띠었고 하남성·하북성·산동성 등 여러 곳에서 반란이 발생했다.

1641년 이후 이자성은 단순한 약탈을 넘어 정치적 성격을 띤 대민(對民)정책을 내세워 미래상을 제시했고, 이에 따라 여타 경쟁자를 물리치고 반란의 중심세력이 되었다. 숭정 14년(1641) 2월 낙양을 점령해 하남성 지역에 기반을 굳혔다.

명 말의 농민반란에서 이자성에 비하면 덜 중요하지만 장헌충(張獻忠)의 활동도 두드러진다. 장헌충은 빈농의 가정에서 이자성과 같은 해인 1606년에 태어났다. 이자성에 비해 거의 교육을 받지 못했고 일찍이 군적에 들어 병사가 되었다. 1630년 범죄 사건과 연루되자 장헌충은 무리 수백 명을 이끌고 탈영, 농민반란군에 가담했다. 스스로 '팔대왕(八大王)'이라 칭하고 당시 반란군의 중심이었던 왕가윤의 휘하에 들어갔다. 이듬해인 1631년 왕가윤이 죽고 왕자용이 뒤를 잇자 장헌충은 고영상 등과 함께 36영 가운데 한 부대를 거느리게 되어 반란군 가운데 두각을 나타내기 시작했다.

1635년 고영상의 주도로 열린 13가 72영 회합에 장헌충도 참가해 처음으로 이자성과 접촉했다. 1636년 이후 장헌충은 호북성으로 들어가 독자 활동을 벌였다. 호북성과 안휘성을 전전하면서 관군에 대항하던 장헌충의 활동은 전체적인 반란군의 세력 퇴조로 일시 관군의 초무를 받아들이기도 했다.

1639년 기근이 번지자 장헌충은 다시 반기를 들어 웅문찬(熊文燦)이 이끄는 토벌군을 대파해 기세를 올리기도 했다. 그 이후 토벌군을 피해 무리를 이끌고 이리저리 유랑하다가 1640년에는 사천성으로 들어가 무산·대창·당양을 함락시켰다. 장헌충은 이자성과 연합을 시도했으나 뜻을 이루지 못하고 호북성·안휘성의 5개 반군 진영을 규합했다. 1643년에는 무창을 함락하고는 스스로 대서왕(大西王)이라고 했다.

망국의 군주가 될 것을 두려워한 숭정제는 안간힘을 쓰며 정무에 열중했으나 마음이 조급해 좋은 결과를 얻지 못했다. 무엇보다 숭정제는 유능한 신하를 발탁할 안목이 없었다. 원숭환을 기용할 때 5년의 여유를 약속하고도 3년 만에 청 태종의 반간계에 속아 처형했다. 신하를 믿지 못해 17년의 재위 기간 중 대신 50명을 교체시키고 형부상서 17명을 사형 혹은 퇴직시켰다. 또한 7명의 총독과 11명의 순무(巡撫)를 사형에 처했다. 나중에는 멀리하던 환관을 중용하기에 이르렀다.

숭정 14년(1641)에 들어 강남에서 기후 한랭화로 인해 한여름인 음력 6월에 눈이 내리는 이변이 일어났고 이전에 볼 수 없었던 엄청난 재해가 발생했다. 이전의 재해는 주로 화북 지방에서 발생했고 농민반란도 화북에서 일어났는데, 이제는 명 왕조의 주요 조세 원인 강남에서 발생한 것이다. 앞선 해인 숭정 13년(1640)에도 한발과 홍수가 심했기 때문에 이때의 재해는 더욱 감당하기 힘들었고 그 여파는 숭정 15년(1642)까지 미쳤다. 굶주린 사람들이 서로 잡아먹는 것이 흔한 일이 되었다. 이 이상 기후는 1641년 1월 3일 필리핀의 파커(Parker) 화산이 폭발해 일어난 것이라고 한다.

조선에서도 인조 19년(1641) 여름인 음력 5월에 평안도·경상도·충청도·전라도에서 서리가 내렸다. 결국 가뭄과 냉해로 경상도 일대에 기근이 들었다. 일본에서도 1640~1642년 사이에 전국적으로 기근이 일어났다.

강남으로부터의 조세 수입에 크게 의존했던 명 왕조는 면세 요구를 받아들이기는커녕 더 과중하게 징세했다. 화북 지역에 대한 통제력을 거의 잃은 상태에서 반란세력과 청의 침입을 방어하느라 막대한 군사비가 필요했기 때문이다. 이에 강남에서는 일반 농민은 물론 중소 지주뿐 아니라 대지주마저 파산해 떠돌아다니게 되었다. 토지를 팔려고 해도 사는 사람이 없었고 거저 주어도 가져가지 않았다.

하남성에서 기반을 굳힌 농민반란 지도자 이자성(李自成)은 1643년 초 호북성의 양양(襄陽)을 점령해 이름을 양경(襄京)으로 고치고 스스로 노부봉천창의대장군(老府奉天倡義大將軍)이라 칭했다. 곧이어 대원수(大元帥)로 칭호를 바꾸고 행정기구를 마련한 뒤에는 신순왕(新順王)이라 칭했다. 이해 10월 서안을 점령하자 장안(長安)으로 개칭하고 한편으로는 서경(西京)이라 부르도록 했다. 11월에는 연안(延安)을 함락하고 곧이어 봉상(鳳翔)을 점령, 학살극을 벌였다.

강남에서는 대기근에 이어 숭정 16년(1643) 겨울부터 이듬해 봄까지 전염병으로 엄청난 인명 피해가 났다. 강남의 민심은 완전히 명 왕조를 떠났다.

숭정 17년(1644) 정월 초하루(양력 2월 8일) 이자성은 드디어 국호를 대순(大順), 연호를 영창(永昌)이라 하는 새로운 왕조의 개창을 선포했다. 이때 이자성은 보병 40만, 기병 16만을 보유하고 있었다. 곧 병력을 이끌고 북경을 목표로 진격, 2월에는 산서성 최대의 도시인 태원(太原)을 점령했다. 이어 선부(宣府)의 총병 왕승윤(王承允)과 대동(大同)의 총병 강양(姜瓖)이 항복의 서한을 보냈다. 이자성은 매우 기뻐하며 일사천리로 진군을 계속해 3월 2일에는 대동에 이르렀다.

3월 3일(신묘) 이부시랑 이건태(李建泰)가 남경 천도를 청하는 소(疏)를 올렸다. 4일 숭정제는 정신(廷臣)들을 평대(平臺)에 불러 이건태의 상소를 보여주며 말했다.

"임금은 죽음으로 사직을 지키는 법, 짐이 어찌 거기로 가겠는가? [國君死社稷, 朕將焉往?]"

이방화(李邦華) 등이 태자를 남경으로 보내자고 다시 청했으나 역시 듣지 않았다.

결점도 많지만 기골이 센 황제였다. 반란군을 피해 달아난다는 것은 그의 자존심이 용납하지 않았다. 이 점이 외적이 쳐들어오면 섬으로 달아날 궁리만 하는 조선 국왕 인조와 매우 대조적인 것이었다.

3월 5일 숭정제는 산해관을 지키는 오삼계, 거용관(居庸關)을 지키는 당통 등 4명의 총병관에게 백작의 작위를 주었다.

3월 11일 이자성 군이 선부에 이르렀고 순무도어사 주지풍(朱之馮) 등은 선부를 지키다 전사했다.

15일 당통이 이자성 군에 항복했다. 거용관은 북경의 입구를 지키는 요새이다. 이자성 군은 거용관을 통해 만리장성을 넘고 16일에는 창평(昌平)에 이르렀다. 창평은 북경에서 북으로 4킬로미터 거리에 있는 도시로 명나라 역대 황제 12명의 능묘가 있는 곳이다(현재는 숭정제의 묘까지 13릉이다.). 이자성은 명나라 조종의 천우신조를 끊기 위해 12릉의 건물을 불살랐다. 이 시대 사람들에게 조상의 가호는 미신이 아니었다.

3월 16일 저녁 무렵 이자성 군의 선봉부대가 북경 밖에 이르렀고 17일에는 북경을 완전히 포위했다. 이때 명의 주력군은 오삼계의 지휘하에 산해관 북방에서 청군과 대치하고 있었고, 반란군을 방어하고 있던 관군도 하남성과 호광(湖廣, 호남성과 호북성) 지방에 집중되어 있어 북경은 거의 무방비 상태였다. 북경성 밖에 있던 소수의 수비군은 적을 보자마자 항복했다.

3월 18일 이자성은 북경 외성의 서문인 창의문(彰儀門) 밖에 도착해 성안으로 사자를 파견했다. 파견된 자는 숭정제의 신뢰를 받아 선부의 군사감독관에 임명된 환관 두훈(杜勳)이었다. 선부에서 총병 왕승윤과 함께 항복한 환관 두훈이 가져온 이자성의 서한은 다음과 같이 씌어 있었다.

**나는 딱히 신하 노릇을 아니할 마음은 없었다.
나라를 그르치는 간사한 무리들이 조정에 가득 찼기에 이들을
소제(掃除)해 황실을 돕고자 했다.
그러나 이미 대세는 기울었다. 청컨대 상(上)은 자결하시오.**

임금 주위의 간신들을 제거하고 황실을 본래 모습으로 돌이키고자 거병했지만, 이미 명 왕조의 운명은 다했으므로 자결하기 바란다는 것이 대강의 뜻이다.

얼마 전의 심복인 환관이 이런 글을 가지고 왔을 때 숭정제의 심정은 어떠했을까.

『명사(明史)』에는 "황제는 노하시어 그를 꾸짖고 내보내시다. [帝怒 叱之下]"라고 적혀 있다. 두훈을 살려 보낸 것은 그 보복으로 이자성 군이 북경 주민에게 잔악행위를 할까 우려해서이다.

황제 앞에서 무사히 물러 나온 두훈은 동료 환관들을 설득했다. 어떠한 왕조라도 환관은 필요하며, 그렇기 때문에 명 왕조와 운명을 같이하지 않아도 된다는 것이 두훈의 논리였다. 숭정제의 측근인 환관 조화순(曹化淳)이 이날 저녁 창의문을 열었고 이자성 군이 북경 외성 안으로 들이닥쳤다. 이후 각 문이 열리고 황색 군복을 착용한 이자성 군이 외성에 넘쳐났다. 북경에는 내성과 외성이 있고 내성의 중앙에 남북 3킬로미터, 동서 2.5킬로미터의 황성이 있으며, 그 안에 자금성이 있었다.

외성이 무너졌다는 보고를 받자 숭정제는 태감(太監 : 환관의 우두머리) 왕승은(王承恩)을 데리고 급히 경산(景山. 매산(煤山), 만세산(萬歲山))으로 올라갔다. 경산은 자금성 북쪽에 있는 산으로 북경 전역을 내려다볼 수 있었다. 남쪽 모퉁이에 봉화가 오르고 검은 연기가 하늘을 덮는 것을 보고 숭정제는 탄식을 했다.

"나의 백성을 괴롭히는구나! [苦我民耳]"

숭정제는 건청궁으로 돌아와 황후 등과 이별의 술잔을 주고받았다. 황후는 숭정제가 모든 의지를 잃었음을 느끼고 코앞에 닥친 망국의 현실에 눈물을 흘렸다.

술을 단숨에 들이켠 숭정제는 세 명의 황자를 불러 민간에 몸을 숨기도록 타일렀다. 숭정제는 황태자와 영왕(永王), 정왕(定王) 세 아들에게 평복을 입혀주고는 "지금부터는 말투를 바꾸어 노인을 만나면 할아버지라 부르고 장년을 보면 아저씨라 불러야 하느니라." 하고 허리끈을 매주며 간곡히 타일렀다. 이 자리에 있던 사람들은 이 모습을 보며 모두 흐느껴 울었다. 세 아들은 외가로 보냈다.

황후 주(周)씨는 "대사가 끝났다."는 말을 남기고 스스로 목을 매 죽었다. 후궁 가운데는 목을 맨 사람이 적지 않았다. 숭정제는 아직도 할 일이 있었다. 황자들은 피신시켰지만 황녀들은 목숨을 끊어야 했다. 적에게 욕을 볼까 두려웠기 때문이다.

15세의 장평공주(長平公主)는 수녕궁(壽寧宮)에 있었다. 숭정제는 칼을 빼들고 수녕궁에 들어갔다. 장평공주는 부친의 옷소매를 부여잡고 하염없이 눈물을 흘렸다. 숭정제는 이를 악물고 탄식하며 말했다.

"너는 어찌해 황제의 집에 태어났더냐."

숭정제는 오른손에 칼을 잡고 왼손으로 옷깃을 들어 자신의 얼굴을 가리더니 칼을 내리쳤다. 비명소리와 더불어 공주의 왼쪽 팔이 떨어져 나가고 피가 사방으로 튀었다. 숭정제는 다시 칼을 들었으나 더 이상 내리치지는 못했다. 숭정제는 이어서 소인전(昭仁殿)으로 들어갔다. 그곳에는 6세의 소인공주(昭仁公主)가 있었다. 숭정제는 칼로 어린 딸을 찔렀다. 소인공주는 죽었으나 장평공주는 살았다.

3월 19일(정미) 날이 밝자 숭정제는 손수 경종을 울렸다. 백관을 집합시키기 위한 신호였는데 아무도 오는 자가 없었다. 그를 모시던 환관들은 모두 달아나고 왕승은 한 사람만 남았다. 숭정제는 왕승은과 더불어 경산으로 다시 올라갔다. 경산에는 황제의 장수를 기원해 세워진 수황정(壽皇亭)이라는 정자가 있었다. 숭정제는 이곳을 죽을 자리로 정했다. 당시 숭정제는 남색 옷을 몸에 걸치고 오른발에는 붉은 신발을 신고 있었지만 왼쪽 발은 맨발이었다. 숭정제는 겉옷을 벗고 왕승은에게 붓을 들게 한 뒤, 흰 비단 옷에 그의 마지막 조서를 받아 적게 했다.

> 짐이 자리에 오른 지 어언 17년의 세월이 흘렀다. 동인(東人 : 만주족)이 내지(內地)를 침입하기를 세 차례나 거듭하더니 끝내 역적의 무리가 경사(京師)에까지 이르게 되었도다. 비록 짐

이 덕이 부족하고 몸이 허약해 위로 하늘의 꾸지람을 들은 것이나, 여러 신하들이 짐을 그르쳤다. [朕涼德藐躬, 上干天咎, 然皆諸臣誤朕]

짐은 죽어서 지하에 계신 조종(祖宗)을 뵈올 면목이 없나니 스스로 관면(冠冕)을 버리고 두발(頭髮)로 얼굴을 가린다. 역적들이 마음대로 짐의 시신을 갈가리 찢게 할지언정 한 사람의 백성도 상하게 하지 말지어다. [任賊分裂, 無傷百姓一人]

숭정제는 옷을 나무에 걸고 관을 벗은 다음 머리를 풀어 헤쳐 얼굴을 가린 채 나무에 목을 매었다. 황제의 죽음을 끝까지 지켜본 환관 왕승은도 순사(殉死)했다.

숭정 17년 3월 19일은 서력기원으로 1644년 4월 25일이다. 절기로는 완연한 봄이지만 이날 북경은 새벽부터 비가 내리더니 이내 눈발이 내렸다. 숭정제와 왕승은의 시신이 흰 눈에 감싸였다.

19일 정오가 지나 펠트 갓에 옅은 녹색 군장을 한 이자성은 박마(駁馬, 얼룩무늬 말)를 타고 의기양양하게 승천문(承天門, 지금의 천안문(天安門))을 통해 황성으로 들어갔다. 이자성은 자금성에 들어와 황극전(皇極殿)에 있는 옥좌에 앉았다. 그런 후 3일간의 기한으로 명 관료의 귀순을 재촉했다.

3일째 되는 날, 불과 며칠 전까지 명나라에 충성을 맹세하던 문무백관들은 송덕가를 부르며 이자성을 환영했다. 이렇게 해서 276년간 지속된 명 왕조는 멸망했다. 자금성이 함락되자 국가를 위해 순사한 문관은 대학사 범경문(范景文)을 비롯해 겨우 40명, 물에 몸을 던져 자살한 궁녀는 200여 명이었으며 궁중에서 기르던 코끼리들이 모두 슬피 울며 눈물을 흘렸다고 한다.

이자성의 책사(策士) 이암(李巖)과 송헌책(宋獻策)은 명 왕조에 사환(仕宦)한 벼슬아치들의 행태에 충격을 받아 다음과 같은 대화를 나누었다.

이암 : 명 왕조가 (관리를) 선발하는 방법은 향시(鄕試)를 통해 회시(會試), 회시를 통해 전시(殿試)를 거친 후에 정치할 능력을 살펴보아서 선발하니 엄격하다고 말할 수 있다. 그러나 왜 국가에 어려움이 있을 때, 그 은혜에 보답하고자 하는 사람이 많이 보이지 않는가?
송헌책 : 명 왕조 국정의 잘못은 과거를 중시하고 자격을 묶어 둔 것에 있다. 그래서 나라가 파멸되고 군주가 죽어도 충신과 의사가 드물었다. (중략) (신하들은) 군부(君父)가 어려운 일이 있어도 각자 자신을 지킬 생각만 했다. 새로이 급제한 사람이 말하기를 "내가 이름을 얻는 것이 쉽지 않아서 20년 동안 등잔불 아래 창 아래서 고생하여 비로소 관직을 얻어 한 가지 일도 이루지 못했는데 어찌 (군주를 위해) 죽을 이유가 있겠는가." 하였다. 이렇듯 과거시험으로는 제대로 된 사람을 얻을 수 없는 것이다. 또한 늙은 신하가 말하기를, "내가 최고위 관직에 오른 것도 쉬

운 일은 아니었다. 20년 벼슬길에서 조심조심하여 비로소 이 자리에 올랐다. 대신(大臣)이 나 혼자가 아닌데 나 혼자 죽는 것은 무익하다."고 하였다.

이렇듯 과거시험으로는 자격이 있는 사람을 얻을 수 없는 것이다.

어찌 이러한 사람들을 쓸 수 있겠는가. 조정(朝廷)이 선비를 대접한 은혜가 나타나지 않는 것은 당연한 일이다. 옛 권력을 버리고 새로운 권력을 섬기는 것이 괴이할 것이 없다.

팔고문은 체제에 절대적으로 순응하는 지식인 양성에는 성공했다. 그러나 국가 운영과 발전에 필요한 인적 자본을 키우기는커녕 철저히 파괴했다. 명 말의 유신(遺臣) 고염무(顧炎武)는 그의 저서 『일지록(日知錄)』에서 명은 팔고문으로 망했다고 진단했다. 팔고문의 지식인 파괴는 시황제의 분서갱유(焚書坑儒)보다 더하다고 평했다.

【대한민국에서 정권이 교체될 때도 고위관료들이 명 제국 멸망 때와 같은 모습을 보인다.】

청의 멸망 과정

수나라 때 시작된 과거제는 오랜 세월에 걸쳐 여러 차례 정비되어 청 말기에 형식상 완비되었다. 명과 청의 과거시험은 송대에 비해서 매우 복잡해졌는데, 크게 학교시(學校試)와 과거시(科擧試) 두 단계로 나눌 수 있다.

청대에는 향시, 회시, 전시의 3단계 시험에 부속되는 예비시험이 생겨 더욱 복잡해졌다. 워낙 과거를 치르는 사람이 많아지고 생원의 누적 인원이 늘어난 탓이었다.

향시의 예비시험이 과시(科試)이다. 과시에 합격한 생원을 거자(擧子)라 했는데, 1회 향시를 칠 자격이 주어졌다. 생원 가운데 거자가 되는 이는 적었다. 그래도 거자는 향시 합격 정원의 100배는 되었다. 향시는 3년에 1회 시행되며 각 성(省)의 성도(省都)에서 치렀다.

그런데 청대에는 거인도 누적 인원이 너무 많아 회시를 치러 북경에 1만 수천 명이 몰려들게 되자 거를 필요가 있었다. 그래서 회시의 예비시험으로 거인복시(擧人覆試)가 생겼다. 거인복시에 합격해야 회시를 칠 수 있었다.

회시는 공거(貢擧)라고도 했다. 회시를 칠 때 그 과정과 채점을 책임지는 관료를 지공거(知貢擧 : 공거 담당관)라 했다. 대개 예부상서가 지공거가 되었다. 회시 합격자 수는 시대에 따라 달랐는데 강희제(康熙帝, 1662~1722) 치세 초기에는 150명 전후로 뽑았다. 그런데 성적순으로만 합격시키니 문화가 뒤처진 낙후된 성(省)에서는 합격자가 나오기 어려웠다. 강희제 말년에 성의 회시 합격자 수를 안배하여 인구가 많은 성은 20여 명, 적은 성은 수명을 뽑아 모두 200명 정도 뽑았다. 청 말기에는 합격자 수를 300명으로 늘렸다. 회시 수석 합격자를 회원(會元)이라 했다.

회시에 합격하면 전시를 치는데, 18세기 건륭제 치세에 전시의 예비시험인 회시복시(會試覆試)가 생겼다. 전시를 궁내에서 치므로 시험장 분위기를 익혀 전시에서 실수하지 않도록 하고, 전시에 대리 시험을 치는 불상사를 예방하려 본인을 확인하는 것이 목적이었다. 회시복시에서는 등급만 나누는데 1, 2, 3등급은 바로 전시에 응시할 수 있으나 4등급 이하는 전시 응시가 제한되었다. 회시복시는 자금성(紫禁城) 내의 보화전(保和殿)에서 대개 4월 16일 실시되었다.

전시는 4월 21일 보화전에서 거행되었다. 전시에서는 불합격자가 없고 등수만 가렸다.

전시 합격자 발표를 전려(傳臚) 또는 창명(唱名)이라 하는데 이 의식은 4월 25일 자금성의 태화전(太和殿)에서 거행되었다. 전시의 수석 합격자를 장원(壯元), 2등은 방안(榜眼), 3등은 탐화(探

花)라 했다.

전시 합격자 가운데 장원, 방안, 탐화 3인은 진사급제(進士及第)라는 학위를 받고, 그다음 등수의 합격자 몇 명에게는 진사출신(進士出身)이라는 학위가 주어졌다. 나머지 합격자들은 동진사출신(同進士出身)이란 학위를 받았다. 평생 직함에 이를 기록하는데 서양에서는 진사를 대개 박사(doctor)로 옮긴다.

【진사급제와 진사출신이란 말을 단순히 과거 합격 또는 과거 합격자로 오해하는 일이 많다. 이조와 비교하면 중국의 진사급제는 과거 갑과 합격, 진사출신은 과거 을과 합격, 동진사출신은 과거 병과 합격과 같다.】

중국을 정복한 만주족의 정복왕조 청은 팔고문의 폐해를 잘 알았다. 그리하여 강희 2년(1663) 강희제(康熙帝)는 과거에서 팔고문을 폐지한다는 조칙을 반포했다. 그러나 사대부 지식인의 지지 없이 중국을 통치한다는 것이 불가능하다는 것은 자명했고 이들의 사고를 통제하려면 팔고문만 한 것이 없었다. 팔고문은 5년 만에 부활했다.

팔고문을 계승한 청이 멸망하는 과정은 명이 멸망하는 것과 거의 같았다. 진사(進仕)들이 장악한 청 정부는 외세의 침략에 아무런 대응책을 내놓지 못했다. 그럴 능력이 없었다.

1894년 발발한 청일전쟁에서 청은 무기력하게 패배하고 1895년 요동반도와 대만을 할양하는 시모노세키 조약을 체결했다. 이것이 알려지자 거인(擧人) 강유위(康有爲, 1858~1927)는 전국의 거인 천여 명과 연락하여 광서제(光緖帝)에게 조약 체결 비준을 거부하고 변법하자는 내용의 상소문을 올렸다. 이것이 공거상서(公車上書)이다.[공거는 거인과 같은 뜻이다.] 여기서 팔고문을 쓰는 과거제를 비판한 부분은 다음과 같다.

과거에서는 인재를 선발하는 인원수를 한정하여 뛰어난 재능을 가진 사람들이 과거장에서 늙고 있습니다. (중략)
글 짓는 방법만 알지 의리는 망각하고 있습니다. 인원수가 적어 늙어서도 과거만을 추구하여 부귀만을 구하고 학업을 포기합니다. 이에 이익을 쫓고 염치를 모르는 추세가 널리 퍼져 국가는 큰 어려움에 빠졌습니다.

무술년인 1898년 4월 광서제는 강유위를 접견했는데, 강유위는 재차 팔고문 과거의 폐단을 역설했다.

팔고문을 배운 자는 진나라와 한나라 이래의 서적은 읽지 않는데, 더욱이 지구 각국의 일을 고찰하지 않고도 대신의 지위에 오릅니다. 오늘날 많은 신하들이 있지만 사변(事變 : 재난이나 변고)에 제대로 대응하지 못하는 것은 모두가 팔고문으로 높은 자리에 오르기 때문입니다. 그러므로 대만과 요동의 할양은 조정에서 한 것이 아니라 팔고문이 한 것입니다. 이억 냥의 배상금은 조정이 배상하지 말고 팔고문이 배상해야 합니다. 요주·여순·대련·위해위·광주만 할양도 조정이 한 것이 아니라 팔고문이 한 것입니다.

인적 자본이 과거제로 쓰레기 수준이 되었으니 외세의 침략에 제대로 대응하지 못하고 나라가 엉망이 된 것은 당연했다. 명과 청의 과거는 학생이어야만 응시할 수 있었으므로 동시(童試)부터 경쟁이 치열했다. 수십 년간 동시에만 매달리는 자도 많았다. 동시부터가 아주 어려운 시험이었다. 동시를 치는 동생(童生)은 대개 마을에서 총명하다고 소문난 사람들이었다. 동시도 현시(縣試), 부시(府試), 원시(院試) 3단계인데 마을에서 수재로 이름난 홍수전(洪秀全, 1814~1864)도 동시의 최종 단계인 원시에서 계속 낙방하여 생원(生員)도 되지 못했다. 홍수전은 학교 근처만 가 본 것이다.

강유위가 전국의 동생 수를 계산해 보니 3백만 명이었다. 강유위는 팔고문 폐지를 주청하는 논고에서 이런 말을 했다.

가장 쓸모 있는 나이에 정력을 최고로 써서 과거시험에 매달리는 이들이 3백만의 인재인데, 이는 하란(荷蘭 : 네덜란드)·서전(瑞典 : 스웨덴)·단맥(丹麥 : 덴마크)·서사(瑞士 : 스위스) 백성의 숫자입니다. 이들이 국가를 위해 쓰인다면 못 할 것이 있겠으며 못 이룰 것이 있겠습니까.

그러나 이 3백만의 쓸모 있고 정력이 넘치는 인재들이 매일같이 과거에 마음을 빼앗겨 정신을 낭비하고 궁색하게 다른 데서 끌어 모방하는 문장에 집어넣으니, 이들은 무지하고 재주도 없고 쓸모도 없는 벙어리, 장님으로 늙어 죽게 됩니다. 이는 진의 장수 백기(白起)가 장평에서 조나라 군졸 40만을 파묻어 죽인 것보다 10배 이상 되는 숫자입니다. (과거시험에 관한) 법을 만든 것이 잘못되고 이상하여 그 폐단이 기이하고 놀랍고 진실로 듣지 못한 바이고 외국인들이 더욱 괴상히 여기고 비난하는 바입니다.

이때 청 조정의 고관들은 좋은 성적으로 진사가 된 자들이었으나 사마천과 범중엄이 어느 시대 사람인지 한 고조와 당 태종이 어느 왕조의 황제인지도 모르는 자가 많았다. 강유위는 "오로지 유용한 학문만 하고 학교를 널리 개설하여 과학을 가르치고 과거를 폐지하자."고 주장했다. 1898년 6월 광서제는 강유위의 의견을 받아들여 무술개혁을 시작했으나 103일 만에 서태후의 정변으로 무위로 돌아갔다.

의화단의 난으로 1900년 서양 8개국 연합군이 중국 대부분을 점령하고 이듬해에 청 정부와 북경의정서를 체결했다. 이때의 충격으로 청은 전국에 대학, 중학, 소학을 건립하도록 하고 사회과학과 자연과학을 가르치게 했다.

신식 학교의 설립과 유학생의 대량파견으로 전통적인 독서인과 다른 유형의 지식 계층이 탄생했다.

1905년 과거제의 무용을 인정해 청 정부는 과거제를 폐지했다. 그러나 이는 큰 실책이었다. 따로 벼슬길을 열어야 하는데 이를 충분히 고려하지 않고 과거제를 폐지했다. 이에 중국 지식인들이 청 왕조에 충성할 이유가 사라졌다. 벼슬길이 막힌 중국 지식인들은 대거 혁명 사상에 기울었다.

1908년에는 전국에 4만 7천여 학교가 존재하여 학생은 약 130만 명, 교원은 약 63,500여 명에 달하였다. 이들 신지식층은 차츰 혁명 사상이나 입헌 사상에 기울어졌다. 특히 일본으로 유학을 간 중국학생들은 급속하게 입헌주의 또는 혁명 사상을 받아들였다.

마침내 1911년 신해혁명이 일어나 최후의 전통 제국 청은 무너졌다.

1905년 손문의 주도로 창설된 중국동맹회는 여러 차례 무장 봉기를 기도하였으나 실패했다. 중국동맹회 지도자의 한 사람인 송교인(宋敎仁)은 1911년 상해에 동맹회 중부총회를 결성하였다. 호북의 혁명파 청년지식인들도 무창(武昌)의 신군 병사들에게 혁명 사상을 선전하고 공진회(共進會), 문학사(文學社) 등의 혁명 단체를 신군 내부에 설립하고 있었다. 1911년 가을에는 무창의 신군 1만 5천 가운데 5천여 명이 혁명파가 되었다.

동맹회 중부총회는 호북 분회를 설립하여 이들과 연계하였고

1911년 10월 9일 봉기를 일으킬 계획을 세웠다. 8일 폭발 사고가 일어나 차질을 빚었으나 10일 밤 신군의 공병 8대대가 먼저 일어났고 이어 보병·포병 대대와 군사학교 생도들이 봉기하였다. 12일 새벽까지 봉기군은 무한(武漢)의 3진(鎭)인 무창·한구(漢口)·한양(漢陽)을 제압하고 호북군정부(湖北軍政府)를 수립하였다. 그러나 봉기군은 혁명파와 관계없는 신군의 여단장 여원홍(黎元洪)을 군정부의 도독(都督)으로 선출하였다.

무창 봉기에 이어 호남·섬서·강서·산서·상해·절강·광동의 중국동맹회 회원이 봉기하여 11월 하순에는 24성 가운데 14성이 청조의 지배로부터 이탈하였다.

청 정부는 혁명 진압을 위해 2년 전 축출했던 원세개를 다시 부르지 않을 수 없었다. 가장 정예군인 북양 신군을 동원해야 했는데 원세개는 북양 신군을 손수 만들어냈을 뿐 아니라 단기서(段祺瑞)·풍국장(馮國璋) 등 고급 지휘관들이 그에게 개인적으로 충성하고 있었기 때문이다. 청의 일부 황족은 원세개를 사마중달과 같은 자라고 하면서 범을 불러 집을 지키게 하는 어리석음을 범하지 말자고 했으나 선택의 여지가 없었다.

10월 27일 청 정부는 원세개를 흠차대신(欽差大臣)으로 임명하여 호북 반란 진압군과 양자강 해군을 총지휘하게 하였다. 11월 1일 원세개는 총리대신이 되었다. 순친왕은 원세개의 요구로 섭정에서 물러났다.

북양 신군은 11월 2일 한구(漢口)를, 11월 27일에는 한양(漢陽)

을 탈환하였다. 이로써 혁명군의 북벌(北伐)에 의한 청조 타도 전망은 어두워졌다.

한양의 실함 직후 한구 주재 영국 영사의 중개로 혁명군 측은 남북화의를 제안하였으며 호북군정부 도독 여원홍도 정전(停戰) 요청을 전국에 알렸다.

12월 2일 한구에 모인 각 성의 대표는 원세개가 반정(反正)한다면 그를 임시대총통에 선출할 것이라고 결의하였다. 3일에는 남북 양측이 당일부터 3일간 정전하기로 합의하였다.

12월 5일 각 성 대표회의에서 청 왕조의 타도와 공화정부의 수립을 내용으로 하는 의화강요(議和綱要)가 통과되었고 청 왕조와의 협상이 결의되었다.

정전이 지속됨에 따라 신해혁명은 무장 투쟁에서 정치적 타협으로 전환되었다. 남북 화의가 진행되는 가운데 손문은 12월 29일 17성 대표의 선거에 의해 남경 임시정부의 임시대총통에 선출되었다. 이에 원세개는 적극적으로 청 왕조 타도에 나섰다.

1912년 1월 16일 원세개는 황태후에게 황실 우대조건을 받아들이라고 요구하면서 그렇지 않으면 프랑스 혁명 때의 루이 16세처럼 될 것이라고 협박하였다.

17일에 열린 황족회의에서 공화정 수용 요구를 놓고 찬반양론이 격렬하게 대립하여 결론을 내리지 못했다.

19일 열린 황족회의에서 청 황실의 지도력 부재와 무능이 단적으로 드러났다. 원세개를 물리치고 혁명군에게 끝까지 무력으로 대항하자는 공친왕(恭親王)이 반대파인 선통제의 숙부에게 "그대는 육군을 맡았으니 우리의 병력 상황이 어떠한지 알겠지?"라고 질문하였다. 얼마 전까지 군을 관리하였던 24세의 황숙(皇叔)은 "나는 전쟁을 해보지 않아 알 수가 없다."고 대답하였다. 어전회의에서 공화정 수용 요구를 받아들일 것인지 무력 진압할 것인지 결정이 나지 않았다.

1월 26일 원세개의 사주로 진압군 총사령관인 단기서 등 47인의 고위 지휘관이 연명으로 공화정을 요구하였다. 또한 이날 군주입헌유지회를 만들어 활발히 공화정 반대 운동을 벌이던 만주족 청년 장교 양필(良弼)이 피격되었다(1월 28일 사망). 양필의 암살도 청조에는 커다란 타격이었다.

1월 30일 어전회의에서 결론이 나 공화정 선포를 준비하라고 내각에 지시하였다.

2월 3일 청 황실은 원세개에게 전권을 부여하여 남경 측과 퇴위 조건에 대한 구체적 협상을 하도록 하였다.

2월 9일 대청황제 퇴위 후의 우대조건 8항이 확정되었다. 그 내용은 다음과 같다.

1. 청황제의 사위(辭位) 후에도 그 존칭은 그대로 보존하며 민국(民國 : 정부)은 그를 외국 군주의 예로 대우한다.
2. 대청황제 사위 후 황실 세비는 400만 량으로 하고 민국(民

國)이 지급한다.
3. 대청황제는 사위 후 잠시 궁성(宮城)에 거처하다가 훗날 이화원(頤和園)으로 옮긴다. 시위인(侍衛人)들은 전대로 부릴 수 있다.
4. 대청황제 사위 후 그 종묘와 능묘(陵墓)는 영원히 봉사(奉祀)할 것이며 民國에서 위병(衛兵)을 배치하여 적절하게 보호한다.
5. 덕종(德宗 ; 광서제)의 숭릉(崇陵)의 아직 완성되지 못한 공정은 규정에 맞게 마무리할 것이며 봉안예식은 옛 법도대로 한다. 그에 드는 실제 비용은 民國에서 지출한다.
6. 전에 궁전 안에서 부리던 여러 집사들은 전대로 부릴 수 있다. 다만 앞으로는 환관을 쓸 수 없다.
7. 대청황제 사위 후 원래 갖고 있던 사유재산은 民國이 특별히 보호한다.
8. 원래 있던 궁중경비군은 민국의 육군부(陸軍部)의 편제에 편입되며 정원, 보수는 전대로 한다.

그 밖에 청 황족 대우 규정 4개조와 만주족·몽고족·회족에 대한 대우 규정 7조도 아울러 합의했다.

2월 11일 황태후는 황실 우대조건을 받아들였고, 12일 궁전 안의 양심전(養心殿)에서 마지막 조회(朝會)가 열렸다. 황태후는 공화국체를 위하여 통치권을 포기하며 만·한·몽·회·장(滿漢蒙

回藏 : 만주족, 한족, 몽고족, 회족, 티베트족)의 5족으로 중화민국(中華民國)을 구성한다는 뜻을 담은 사위조서(辭位詔書)를 외무부대신 호유덕(胡惟德)에게 건네주어 공표하게 하였다. 이로써 시황제 이래 2천 년 넘게 지속된 황제 체제가 종식되었다.

과거제는 군주의 술(術)로는 최고의 방법이었으나 모든 제도가 그렇듯 결함이 있었다.

선거보다는 공정해 보이니 지력이 뛰어난 자들은 거의 다 어릴 때부터 여기에 매달린다. 선거 이전보다 '딴 생각(=혁명)'하는 자가 격감했다. 그러나 합격자는 소수일 수밖에 없다. 그리고 합격해도 관직 수는 제한되어 있으니 자리도 잘 나지 않았다. 낙방하는 절대다수는 재능을 발휘하지 못하고 낭인(浪人)이 되어갔다. 엄청난 인력 낭비인데, 더구나 지식인을 권력에 굴종하는 존재로 만들려 시험이 변질되어 합격자의 자질이 갈수록 떨어져 갔다. 당송 시대의 과거 합격자는 가장 뛰어난 인재라고 장담할 수는 없었으나 수준급이었다. 명과 청에서는 '천하의 인재'가 아니라 '천하의 바보' 수준까지 전락했다. 군주는 내부의 적은 원천 제거했으나 외부의 적에는 속수무책이 되었다.

뒤늦게 진정한 인재 육성으로 외침에 대응하려 했으나 수천 년간 벼슬을 통한 부귀영화 추구만이 유일한 가치가 되어버린 지식인들의 욕구를 통제할 수 없었다. 어찌 보면 과거제는 지식인을 체제에 순응하게 만들지만 한편으로는 잠재적 '혁명분자'로 만드는 제도였다. 무수한 낙방자들은 비록 행동에 나서지는 않았지만 은근히 세상이 뒤집히기를 바랐다. 그래서 황소(黃巢, 835~884)나 홍수전처럼 앞장서서 혁명에 나서기도 하고 대규모 반란이 나면 제2의 제갈량을 꿈꾸며 반란 주동자의 참모가 되려고 떼거지로 몰려갔다.

어느 시대건 뜻을 이루지 못한 지식인을 달랠 수단이나 자원은 많지 않은 법이다. 전근대 신분제 사회뿐 아니라 민주국가를 표방하는 현대사회에서도 이는 여전히 난제이다.

이조의 지식인 통제

한국사 연구자들은 기이하게도 각 정파나 개인의 행적보다는 겉으로 내건 정치적 구호나 겉치레 사상에 침잠하기를 잘하고 그것으로 본질을 규정한다. 그리하여 조선사회를 유교 만능 사회로 규정한다. 그러나 이조 지배층의 행태는 국망(國亡)에 이를 때까지 임금과 신하 모두 철저히 법가적이었다. 이조는 양유음법, 외유내법이 어떤 것인지 잘 보여준다. 법가의 나라에서 지식과 지식인 통제는 아주 중요하다. 이조는 지식인 통제에 과거제를 더할 나위 없이 잘 활용했다.

중국의 과거제 이상으로 문제가 많았던 것이 이조의 과거였다. 조선 과거제를 간략히 설명한다.

조선 과거는 정기 시험과 부정기 시험으로 구분하는 것이 그 본질을 이해하는 데 더 도움이 된다. 정기 시험은 식년시(式年試)라 해서 12지에서 자(子), 묘(卯), 오(午), 유(酉)가 오는 연도에 시행하는 그러니까 3년에 한 번 치르는 시험이다. 초시(初試), 회시(會試), 전시(殿試) 3단계를 거치는 시험이었다. 문과, 소과, 무과, 잡과에 다 식년시가 있었다.

부정기 시험은 증광시(增廣試), 알성시(謁聖試), 정시(庭試), 춘당대시(春塘臺試), 별시(別試), 외방별시(外方別試) 등이 있었다. 이들 부정기 시험은 대개 문과 무과 모두 실시했으므로 구분하여 증광문과, 알성문과, 별시문과, 정시문과 등으로 더 구체적으로 부른다.

증광시는 임금의 즉위라는 큰 경사일 때 시행되었으나 14대 선조 이후에는 임금의 30년 등극, 세자 탄생, 왕비 책봉, 세자 책봉 등의 여러 가지 경사를 기념하는 명목으로도 실시되었다. 소과·문과·무과·잡과가 있었는데, 고시 방법은 식년시와 같았다.

알성시는 국왕이 봄가을에 성균관의 문묘(文廟)에서 작헌례(酌獻禮)를 올린 뒤 명륜당에서 유생들을 고시하여 성적우수자 몇 명을 급제시킨 것으로, 문과와 무과만 열렸다. 이 시험은 다른 시험과 달리 단 한 번의 시험으로 급락이 결정되었고 고시 시간이 짧은 촉각시(燭刻試)였다. 그리고 즉일방방(卽日放榜 : 당일 급제자를 발표함)이 특색이었다. 응시 자격은 처음에는 성균관 유생에게만 주었으나 뒤에는 지방 유생에게도 주었다.

알성시는 운이 좌우했으므로 요행을 바라는 무리들이 많이 모여들어 숙종 때는 1만여 인, 영조 때는 1만 7천인 이상이 응시하기도 했다.

정시는 본래 매년 봄가을에 성균관 유생을 시어소(時御所)의 전정(殿庭)에서 고시하여 식년시의 전시(殿試)에 곧장 응시할 수 있는 특전을 주는 시험이었다. 1583년(선조 16) 독자적인 시험이 되었다. 정시는 국가에 경사가 있을 때 실시되었는데 문과와 무과만 있었다. 정시문과도 단 한 번의 시험으로 합격이 결정되었고 촉각시였다.

춘당대시는 국가에 경사가 있을 때 실시하거나 또는 관무재(觀武才)라 하여 여러 군문(軍門)의 무사들을 임금이 창경궁의 춘당대에서 친림하여 시재(試才)할 때 실시한 것인데, 1572년(선조 5) 처음 열렸다. 1783년(정조 7)부터는 문신의 고시와 유생의 고시를 번갈아 시행했다.

한 번의 시험으로 합격이 결정되었고 촉각시에 당일로 합격자를 발표했다. 합격자 수는 일정하지 않았는데, 가장 많은 때는 15인이고 가장 적을 때는 3인이었다. 이 시험도 운이 좌우했으므로 응시자가 많이 몰렸다.

별시는 국가에 경사가 있을 때, 또는 10년에 한 번 당하관을 대상으로 하는 중시(重試)가 있을 때 실시한 것으로 문과 무과만 열었다. 처음에는 일정한 시행 규칙이 없어서 그때마다 품정하여 실시하였으나, 영조 때 초시·전시 두 단계의 시험이 되었다. 합격자 수가 일정하지 않아 많을 때는 30인을 뽑았으나, 적을 때는 3인이었다.

외방별시는 왕이 지방에 행차할 때 행재소(行在所 : 국왕이 머무르는 곳)에서 시행한 특별 시험이다. 1456년(세조 2) 왕이 평양에서 별시를 열어 문과 22인, 무과 1,800인을 뽑은 것이 시초이다. 국왕이 몽진(蒙塵)하거나 왕릉으로 참배하러 갈 때 또는 온천에 갈 때 행재소에서 시험을 실시하여 합격자에게 급제를 주거나 문과전시에 직접 응시할 수 있는 특전을 주었다. 외방별시는 문과와 무과만 열었으며, 단 한 번의 시험으로 등락이 결정되었다.

국방상의 요지인 평안도·함경도에서 실시하는 서도과(西道科)·북도과(北道科)도 외방별시였다.

임진왜란 이후 평안도에 어사를 보내어 시·부로 고시하여 1등에게 전시에 직부토록 하는 시재를 행했는데 이것이 서도과였다. 서도과는 1643년(인조 21)에 외방별시로 승격되었다. 북도과 역시 1664년(현종 5)에 승격된 것이다. 10년에 한 번 열렸다. 합격 인원은 관례상 3인이었으나, 뒤에는 서도과를 청남(淸南)·청북(淸北), 북도과를 관북(關北)·관남(關南)으로 나누어 각각 2인 내지 3인을 뽑았다.

이조 500년 동안 식년시는 163회, 각종 부정기 과거는 581회 실시되었다. 계산하면 2년에 3회 정도 과거가 있었던 것이다.

이외에 절제(節製)·황감과(黃柑科)·전강(殿講)·도기과(到記科)·통독(通讀) 등 과거라 할 수 있는 각종 시험이 있었다.

절제는 절일(節日 : 명절)인 1월 7일, 3월 3일, 7월 7일, 9월 9일에 성균관 유생을 상대로 시험을 치러 1등에게 문과전시 또는 회시에 응시할 수 있는 특전을 주고, 차등(次等)에게는 급분(給分 : 점수를 주는 것)한 것으로 절일제(節日製)라고도 했다.

4개의 절제 중 국초부터 시행된 삼일제와 구일제가 뒤에 생긴

인일제 및 칠석제보다 격이 높아서, 1등에게 문과전시에 응시할 특전을 주었으나, 인일제와 칠석제는 1등에게는 문과회시에 직부(直赴)할 수 있는 특전밖에 주지 않았다.

1744년(영조 20)부터는 1등을 서울 유생 1인, 지방 유생 1인을 각각 뽑았다. 절제도 단 한 번의 시험으로 등락이 결정되었기에 응시자들이 많았다.

황감과는 매년 12월 제주목사가 특산물로 진상한 감귤 등을 성균관·사학 유생들에게 나누어줄 때 어제(御題)를 내려 치른 시험으로 1641년(인조 19) 처음 실시되었다. 나중에는 국왕의 특명이 있으면 지방 유생들에게도 응시 자격을 주었다. 1등 1인을 급제시켰다. 그러나 1748년(영조 24)부터는 서울 유생 1인, 지방 유생 1인을 각각 급제시켰다.

도기과는 정조 때 만든 것으로 원점과(圓點科)라고도 했다. 성균관과 4학의 유생에 대한 특별시험으로 도기(到記 : 출석부)에 의거하여 원점(圓點 : 성균관에서 1일 공부하면 원점 1점을 줌) 30점 이상을 딴 자들을 대상으로 치른 시험이다. 이 시험은 춘도기(春到記 : 1월 1일부터 7월 말일까지의 도기)와 추도기(秋到記 : 8월 1일에서 연말까지의 도기)에 의하여 봄가을 두 번 실시했다.

시험은 강경과 제술로 나누어 실시하였는데, 강경·제술의 각 1등에게는 문과전시에 직부할 수 있는 특전을 부여했다.

과거는 아니지만 문신의 승진을 위한 중시(重試)·문신정시(文

臣庭試)·문신중월부시법(文臣仲月賦試法)·문신전강(文臣殿講) 등의 시험도 있었다.

중시는 10년에 한 번씩 시행되는 정기시험으로 당하관 이하의 문신을 대상으로 시험하였는데, 문과와 함께 무과도 열렸다.

고시 과목은 대개 표문과 책문 중의 하나였다. 국왕이 친림하여 정승 1인, 정2품 이상 2인을 독권관, 정3품 당상관 4인을 대독관으로 임명하여 시험을 치렀다.

합격자는 을과 1·2·3등으로 나누었는데, 장원 1인은 4등급, 2·3등은 3등급, 을과 2등은 2등급, 을과 3등은 1등급씩을 특진시켜 주되 정3품 당상관까지를 승진 상한으로 하였으며, 참하관(參下官)은 모두 참상관(參上官)인 6품으로 승진시켰다.

문신정시는 1463년(세조 9) 정3품 당하관 이하를 책문으로 시험한 데서 비롯된 것으로 이후 특명에 의하여 수시로 실시되었다. 그러다가 1663년(현종 10)부터는 춘당대에서의 관무재 때 문신정시와 춘당대시를 번갈아 여는 것이 관례가 되었다.

장원의 경우 정3품 당하관으로서 근무연한이 찬 자는 당상관, 참상관은 당하관, 참하관은 참상관으로 승진시켜 주었다.

문신전강은 3품 이하의 문신들에게 각각 1경을 지정하여 전공하게 한 뒤 이를 국왕 앞에서 배강하는 시험이었다. 1등 합격자에게 진급의 특전이 주어졌다. 이 시험은 영조 및 정조 대에 가장 성행했다.

이조 500년을 통틀어 정기 과거시험인 식년시 급제자보다 각종 부정기 과거 합격자 수가 더 많았다. 이는 부정기 과거가 거의 없었던 고려, 중국과 매우 대비되는 현상이다.

이조에서 지식인(선비)이 영달하는 방법은 오직 과거 하나였다고 해도 지나친 말이 아니다. 과거는 거의 모든 이조 지식인의 삶을 평생 옭아맸다. 과거 응시자의 입장에서는 시험이 자주 있을수록 좋았다. 부정기 과거는 임금 마음대로 명목을 붙여 치르는 것이고 더욱이 당락에 군주가 결정적인 영향을 주므로 과거 응시자는 그저 군주만 바라보고 살게 된다.

사실 부정기 과거의 시행은 가난한 선비를 위한 것이었다. 더 정확히 말하면 가난한 지식인이 반체제 성향을 띠는 것을 예방하려는 것이었다. 식년시는 제대로 준비하려면 긴 시간과 비용이 들었다. 이를 감당할 수 있는 양반 가문은 소수였다. 정기 과거인 식년시만 엄격히 시행하면 여유가 없는 양반 집 자제는 대부분 포기하고 다른 길을 찾게 된다. 좌절한 지식인이 딴 생각할 것은 명약관화하니 요행으로 합격할 수 있는 부정기 과거를 빈번히 시행한 것이다.

부정기 과거는 필사본인 초집(抄集)으로 공부하는 것이 상책이었다. 초집은 과거 응시자가 지은 글 가운데 우수하거나 기출 과거시험 문제와 그 모범 답안을 모은 예상문제집이다. 이 초집은 부정기 과거에서 특히 유용성이 컸다. 공부하는 데 시간이 많이 들지 않고 불시에 실시되는 부정기 과거에 적합하니, 가난한 선비들은 식년시는 포기하고 초집으로만 공부하면서 부정기 과거에 대비했다. 각종 부정기 과거에 응시자가 인산인해를 이룬 것에는 그만한 이유가 있었던 것이다.

과거는 합격 여부가 공정성과 거리가 멀었고 부정이 심했으며 합격자의 자질이 의심스러웠다. 그리고 제대로 공부를 하는 이가 드물었다. 조선 시대 지식인의 말을 통해 과거의 실상을 본다.

대사간 이세인(李世仁)이 아뢰기를,
"신이 한성시(漢城試)를 보니 장원(壯元)의 시권(試券 : 답안지)이 모두 졸렬하고 잘못되어 교생(校生)이 지은 것과 다름이 없었습니다. 장원이 지었다는 것이 이러하니 하물며 그 이하의 것이겠습니까? (하략)"

-(『중종실록』 4년 9월 13일)

대간(臺諫 : 대관과 간관)이 전의 일을 논하고, 또 아뢰기를,
"근자에는 과거법이 엄격하지 못하여, 관시(館試) 때에 어떤 유생(儒生)이 일찍이 정시(庭試)에 장원하여 7분(分)을 얻었는데, 친구가 대작(代作)한 것이었습니다.
한성부(漢城府)에서 낸 의제(義題 : 경서의 뜻을 해석함)는 체제가 완전하지 못하였으며, 수원(水原) 향시(鄕試)에서는 시관이 연 사흘 동안 풍악을 울리며 술을 마신데다가 피봉(皮封)을 떼는 일은 원래 봉미관(封彌官)이 있어서 하는 것인데, 시관이 직접 떼어 허술한 일이 많았습니다.

강원도 향시에서는 그 도의 거자(擧子 : 과거 응시자)들이 빈공(賓貢)으로 온 사람들을 막자 시관이 금지하였는데, 그 거자들이 과장(科場) 밖으로 몰려나가 돌멩이를 마구 던져서 시관이 방 안으로 피해 들어가니, 다시 문을 밀고 도로 과장 안으로 들어가 제술(製述)하였으며, 충청도 거자들도 입문관(入門官)을 구타하였습니다.

경기도 시관은 섬돌에 나와 거자들이 짓는 글을 보고 있는데, 거자들이 방(榜)을 내걸기도 전에 먼저 누가 지은 것이 합격할 줄을 알았으며, 서울의 무과 시험은 화살 수를 또한 감하고 시행하였으니, 그 공정하지 못함이 심합니다. 근자에 과장(科場)의 허술함이 한 군데만이 아니니, 파방(罷榜 : 과거 합격자 발표 취소)하소서. (하략)"

-『중종실록』 7년 9월 26일)

【대간은 본래 대관(臺官 : 사헌부의 관리)과 간관(諫官 : 사간원의 관리)을 합쳐 말하는 것이었다. 그런데 홍문관 관원도 탄핵과 간쟁을 하였으므로 이들도 언관(言官)이었다. 그러므로 이조에서 대간은 삼사(三司 : 사헌부, 사간원, 홍문관)의 관원을 일컫는 말이었다.】

김안로(金安老) 등이 올린 절목(節目)은 이러하다.

(전략)

근래에는 선비의 풍습이 게을러지고 비루하여 온 세상이 무식하여 큰 과거를 보일 때면 선비는 구름처럼 모여들지만, 지난날과 같이 동료 가운데서 우뚝 뛰어난 자를 보지 못합니다. 선비의 학풍은 이와 같은데, 정원의 수효는 예전의 규정과 같아서 반드시 그 수효를 채우려 하기 때문에 체제와 격식이 맞지 않은 자도 함께 취하여 간신히 그 정원을 채웁니다.

상께서 친림(親臨)하여 책문을 시험 보일 때 대과(大科)에 장원한 자도 글이 조리를 이루지 못하여 남의 웃음을 사니 이는 과거를 천시하게 만들어 국가의 체모를 욕되게 함이 너무 심합니다. 이것으로 보면 많이 뽑고자 하는 것이 혼잡하여 정선을 기하기 어려운 폐해를 끼치기만 하고 선비를 권장하고자 하는 것이 공부를 폐지하고 요행수를 넘보는 문만을 열어주는 결과가 되었습니다. 이후부터는 별과 초시에 부디 정원을 정하지 말고 여러 차례에 걸쳐 모든 편(篇)을 시험하여 등격이 우수한 자만 뽑고 그렇지 못한 자는 탈락시켜 혼잡하고 속이려는 폐단이 없게 하소서.

(하략)

-(『중종실록』 30년 12월 11일)

대사간 이윤경(李潤慶) 등이 상소하기를,

"(…) 지금 부형이 된 자는 자제가 겨우 말을 가리는 것을 보면 곧 장구(章句)의 학문과 문구를 꾸미는 글을 가르치며 인사(人事)를 알기 전에 이록(利祿)으로 유도하므로, 사모하는 것은 과거급제요 바라는 것은 부귀이며 옛사람의 학문하는 도리를 이야기하는 사람이 있기만 하면 떼 지어 웃고 헐뜯습니다. (…)"
-『인종실록』 원년 4월 15일

조선 후기에는 과거의 폐단이 더욱 심해졌다.
유학(幼學) 원이곤(元以坤)이 상소하기를,

"삼가 아룁니다. 국가가 제대로 다스려지느냐 어지러워지느냐 하는 것은 인재(人才)가 나오느냐 물러가느냐에 달려 있으며, 인재가 나오느냐 물러가느냐는 과거(科擧)가 공정한지 공정하지 못한지에 달려 있습니다. 생각건대 우리나라에서 과거를 설치하여 인재를 취하는 것은, 3년마다 대비(大比)가 있고 경사스런 일을 만나면 별거(別擧)가 있으며, 혹 정전에 나아가 책문으로 시험 보이기도 하고 혹 성균관에 나아가 시험을 보이기도 합니다. 뛰어난 인재들을 모으는 방도가 여기에 있으며 나라를 빛내고 대국을 섬기는 방도가 여기에 있으며 왕도를 돕는 계책이 이로 말미암아 이루어집니다.

이 때문에 조종조에서 법을 처음 만들 때에, 나중에 사사로움이 성행할까를 염려하여 할봉(割封)하고 역서(易書)하는 규정을 두었고, 간사하고 외람된 일로 폐단을 일으킬까를 염려하여 차술(借述)과 협서(挾書)를 못 하게 하는 법을 만들었습니다. 그래서 세도(世道)가 날로 내려가고 온갖 법도가 모두 무너졌는데도 오직 과거라는 한 가지 일만은 공도(公道)를 조금이나마 보존하여 오늘날까지 2백여 년이 지났습니다.

그런데 근년 이래로 사풍(士風)이 더욱 투박해지고 시습(時習)이 크게 변하여, 거자(擧子)들은 학업을 닦지는 않고 오직 분경(奔競 : 엽관운동)이 유리하다는 것만을 알며, 고관(考官)들은 공도는 버려둔 채 오직 요직을 차지한 권세 있는 집안의 자제들만을 뽑습니다. 시험을 보이라는 명이 한 번 내리면 명사(名士) 집의 문 앞에는 만나려는 사람들이 구름처럼 모여들고, 시험을 보일 날이 되면 시험장에 들어갈 고시관의 집에는 청탁이 무더기로 밀려옵니다. 가까운 친척들은 출제될 제목의 뜻을 미리 알아서 글을 잘 짓는 사람에게 손을 빌려 반드시 합격하기를 바라는데 마치 좌계(左契)를 지닌 것과 같이 합격이 보장됩니다.

경위(京闈)·향시(鄕試)·회시(會試)·초시(初試)가 모두가 그러합니다. 2백 년 이래로 이러한 폐단이 더욱 심해졌습니다.

더러 학문의 수준은 구두(句讀)나 분별할 줄 아는 정도인데 단지 경서(經書) 칠대문(七大文)을 강송(講誦)하여 순통(純通)이라는 좋은 점수를 얻는 자도 있으니, 이는 얻은 바의 자표(字標)를 시관에게 몰래 통하여 시관으로 하여금 강지(講紙)에다 강송할 칠대문을 적어 넣게 하기 때문입니다. 더러 문장을 한 줄도 엮지 못하면서 오직 뇌물을 써서 글을 잘 짓는 사람과 교결할 줄만 알아서, 그의 좋은 작품을 얻어 시권(試券)에다 적어 넣어 마침내 높은 점수로 급제하는 자도 있으니, 이는 대개 권세가의 자제로서 시험의 제목 뜻을 미리 알고 지어오거나 시험장에서 남의 글을 빌려 내면서, 편두(篇頭)나 편말(篇末)에 표식이 되는 문자를 적어서 고시관과 서로 짜고서 통하기 때문에 일어나는 일입니다.

지난 식년시의 강경 시험을 마친 뒤에 어떤 사람이 길가의 대문 벽에다가 시를 지어 붙이기를, '문장과 재사가 이처럼 성대한 것은 2백 년 이래로 처음 보는 일이네. 자기 원하는 칠대문을 줄줄 외고 있으니 자표를 서로 짠 것은 귀신이나 알겠지. [文章才士 盛於斯 二百年來始見之 七大文通從自願 字標相應鬼神知]'라고 하였습니다.

이는 여항(閭巷)에서 조롱거리로 항상 읊조리는 글입니다.

전시(殿試) 복시(覆試)에 이르러서는 상께서 친림을 하시는데도, 미리 지어온 글로 급제를 할 뿐만 아니라, 두사(頭辭)에 표식을 함으로써 시관과 서로 응하는 자도 있고, 글제를 벗어난 글로써 서로 약속을 하는 자도 있습니다. '정운(定運)의 미미한 공로'라고 한 것은 형효갑의 책문의 두사였고, '명예를 훔친 낙양(洛陽)의 소년'이라는 것은 권의(權誼)의 책문의 두사였습니다. 혹은 행적(行跡)으로 표식을 하기도 하고 혹은 명자(名字)로 표식을 하기도 하니, 참으로 매우 간교합니다. 어찌 거자가 혼자서 간교함을 부리고 고시관은 상응하지 않고서 이러한 일을 할 이치가 있겠습니까. 이것뿐만이 아닙니다.

성균관에 나아가 선비들을 시험 보일 때에도 미리 출제(出題)를 하였다는 말이 있습니다. 길에 떠도는 소문을 비록 다 믿을 수는 없으나 저것과 이것을 가지고 살펴보건대 또한 이렇게 했을 이치가 없지 않습니다.

전하께서 특명으로, 미리 글을 지어와 과거를 도둑질한 형효갑을 과방에서 뽑아버리게 하셨고, 또 '과거가 공정하지 못하다는 것을 일찍이 들은 적이 있다.'고 분부를 하셨으니, 이는 전하께서 참으로 이미 깊이 알고 계시는 것입니다. 그렇다면 대간으로 있는 자는 마땅히 따라 받들기에 겨를이 없어야 하는데도 형효갑을 비호하느라 못 하는 짓이 없습니다.

이를테면, '고시관이 정밀하게 선발하였다.'고 하는데, 그 정밀하게 선발한다는 것이, 두사에 표식을 하여 서로 응하는 것을 두고 하는 말이더란 말입니까. '지극히 공정하여 사사로움이 없다. [至公無私]'라고 하는데, 그 지공무사라는 것이, 미리 지어오거나 글제를 벗어난 글을 뽑는 것을 두고 하는 말이더란 말입니까.

성상의 전교 안에 있는 '공정하지 못하다.'는 분부는 상께서 다 보고 통촉하신 데에서 나왔기 때문에 왕의 말씀이 한번 내려지자 뭇사람들이 모두 탄복을 하였는데, 도리어 '상께서 의심하는 마음을 품고 계신다.'고 하니, 그 말이 참으로 참담하지 않습니까.

아, 대간이 상을 속이는 것은 알기가 어렵지 않습니다. 지금 헌사(憲司 : 사헌부)가 풍문을 듣고 변헌(卞獻)과 이진(李進) 등을 체포해 가두었는데 그들이 차작(借作)을 했기 때문입니다. 그들이 회시(會試)와 전시(殿試)의 장옥(場屋)에 들어갈 수 없었는데도 시험을 실시하기 전에 차작을 할 수 있었다면 이것이 바로 제목을 미리 알고 있었다는 증거가 되는 것입니다. 그런데 임금에게 고할 때에는 지공무사하였다고 하고, 그들이 글을 판 일에는 화를 내며 그

죄를 다스리고자 하니, 이것이 상을 속이는 것이 아니고 무엇이란 말입니까. 지금 왕부(王府)로 이송하여 공초를 받아 보면 전후로 몰래 사사로움을 부린 종적이 남김없이 드러날 것입니다.

국가가 대간을 두는 것은 귀와 눈의 책임을 맡긴 것인데 귀와 눈이 이와 같고, 국가가 인재를 뽑는 것은 뒷날 등용하려고 하는 것인데 공정하지 못함이 이와 같다면, 신은 전하께서 누구와 더불어 나라를 다스릴 것이며 함께 정치를 할 것인지 모르겠습니다.

인재를 뽑는 공도(公道)는 고시관의 책임인데 고시관이 사사로움을 부리는 것이 이와 같고, 고시관이 공정하지 못한 것은 대간이 논핵을 해야 하는데도 대간이 곡진하게 비호해 주는 것이 이와 같습니다. 차라리 공도가 없어지더라도 자기 당파를 심는 것을 좋게 여기고 차라리 전하를 저버리더라도 자기 무리를 비호하는 데에 힘을 다합니다.

그러므로 옛날에는 인재를 뽑는 것을 문한(文翰)을 가지고서 했는데 오늘날에는 인재를 뽑는 것을 권세를 가지고 하고 있으며, 옛날의 선비들은 이치를 궁구하고 글을 읽었는데 오늘날의 선비들은 시론(時論)에 빌붙기만 합니다.

시배(時輩 : 당대의 저명인사)들의 자제나 족당으로 일컬어지는 자들은 독서가 무엇인지 알지 못하고 젖 냄새 나는 어린 것들이 먼저 외과(嵬科 : 장원급제)를 합니다. 그리하여 일에 임해서 붓을 잡으면 글씨를 제대로 쓰지 못하는 자도 있으며, 주고받는 글을 쓸 때에 문장의 격식을 모르는 자도 있습니다. 뒷날 나라를 빛내고 중국에 보낼 글을 전하께서는 누구에게 부탁할 것이며 누구에게 맡길 것입니까.

아, 과거 한 가지 일로 임금을 속이는 조짐이 언론의 책임을 맡은 관원에게서 나왔으니, 이는 국가의 불행이지 어찌 과거만의 불행일 뿐이겠습니까. 더없이 큰 공공(公共)의 과거를 사문(私門)의 은혜를 파는 도구로 만들어서, 명절(名節)이 땅을 쓴 듯이 없어지고 폐습이 이미 고질이 되었으니, 과제(科第)를 그대로 존속시켜 은혜를 파는 바탕이 되게 할 바에는 차라리 과거를 혁파하고 선법(選法)으로 고쳐 만드는 것이 나을 것입니다.

옛날에 당(唐)나라 신하 전휘(錢徽)와 양여사(楊汝士)가 지공거(知貢擧)로서, 요직을 차지한 권세 있는 집안의 자제를 사사로이 뽑았는데, 그 당시에 특명으로 복시(覆試)를 실시하자 처음에 높은 성적으로 급제한 자들이 끝내 시험 답안을 한 줄도 작성하지 못했습니다. 그래서 정담(鄭覃) 등 10명을 내치고 전휘 등을 좌천시켰습니다. 근래 몇 년 동안 사심을 가지고 뽑은 자가 어찌 10명 뿐이겠습니까. 복시를 실시하여 내치고 좌천시키는 법전을 오늘날 다시 거행하지 않을 수가 없겠습니다. 전하께서는 유념하소서."

-(『광해군일기 중초본』 8년 11월 27일)

【이때 권세를 부리던 이이첨(李爾瞻)이 홍문관 대제학이었다. 이이첨 무리가 크게 반발하여 원이곤은 형신(刑訊)을 받고는 곤장 100에 거제도로 유배형을 받았다.】

공주(公州) 유생(儒生) 정민화(鄭民和)가 상소하여 민폐(民弊)를 진술하고, 또 아뢰기를,

"을묘년(숙종 원년, 1675) 이래 과거가 공평하지 못하여 낫 놓고 기역자도 모르는 일자무식인데도, 만약 권세에 의지할 길만 있다면, 느닷없이 과거의 장원을 차지하게 되고, 능히 학문과 기예를 통달했는데도 의지할 만한 권세 있는 사람이 없다면, 자기 몸을 낮추고 절개를 굽히게 됨을 면하지 못합니다.

심지어 초시(初試)에 낙방을 당했어도 회시에서는 부당하게 합격하는 자도 있습니다. 그 나머지 간사하고 몰래 속이는 자취가, 중외(中外)에 떠들썩하여 소문이 전파됨을 감당할 수 없습니다. 청컨대 을묘년 이후의 대과와 소과를 폐지하소서. 만약 모두 폐지하기가 어려우면, 그 가운데 더욱 심한 것만 뽑아버리소서."

하니, 임금이 그 상소를 조정에 내려 의논하게 하였으나, 일이 끝내 행해지지 않았다. 그 후 대신들의 진달에 의해 을묘년 가을의 생원과(生員科)에서 장원한 권흠(權欽)을 빼버렸다.

-(『숙종실록』 6년 7월 7일)

좌의정 김재찬(金載瓚)이 차자(箚子)를 올려 과거의 폐단을 진달하였는데, 대략 이르기를,

"**신이 과거의 폐단을 누차 전석(前席)에서 진달하였습니다만, 지금 반드시 나라를 망칠 것은 과거입니다.**

아! 오늘날 유관(儒冠)을 쓰고 유의(儒衣)를 입을 사람들은 모

두가 세록가(世祿家)의 자제들로서 이 시점에는 원기(元氣)가 되고 뒷날에는 공경(公卿)이 될 사람들입니다. 그런데 태어나서 머리털이 미처 마르기도 전에 이미 습속(習俗)에 물들어서, 겨울에는 한 권의 책도 읽지 않고 여름에는 하나의 글을 짓지도 않은 채 의욕이 먼저 자라나서 염치는 하나도 없어져 버리는가 하면, 아비가 그렇게 가르치고 형이 그렇게 면려하면서 이를 당연한 방법으로 여기고 있습니다. 그러므로 대소(大小) 과갑(科甲)에 있어 백지(白地)로 약취(掠取)하는 한 가닥 길이 있을 뿐입니다.

이런 까닭에 한번 과시(科試)를 당하게 되면 번번이 온갖 갈래 길이 생겨나게 마련이고, 따라서 글을 사고 차술(借述)하는 것에 대해 애당초 부끄러움이란 것을 모릅니다. 심지어는 이름을 바꾸어 대신 과장(科場)으로 들어가는 등 하지 않는 짓이 없습니다.

이른바 외장(外場)의 폐단에 대해서는 더더욱 말할 것이 없는 정도입니다. 대저 안으로 연줄을 대고 밖으로 호응케 하는 계교가 갈수록 더욱 간교하여 은밀한 곳에서 남모르게 초고(草稿)를 만드는 것에는 납환(蠟丸 : 밀랍을 동그랗게 뭉쳐 만든 것) 속에 글을 숨기는 것 같은 것이 있고, 틈을 노려 간사함을 부리는 데는 각기 자기들만의 표호(標號 : 신호)로 서로 응답하는 것이 있습니다.

시권을 바치고 시권을 걷고 하는 즈음에 이르러서는 사인(私人)을 모아 군졸(軍卒)로 위장하여 자호(字號)를 엿보아 입락(立落)을 미리 탐지하게 하는가 하면, 혁제(赫蹄 : 시험문제 사전 누설)가 곧바로 장내(帳內)로 알려지고 서두(書頭 : 글의 첫머리를 적어놓은 것)를 소매 속에 넣어 서로 전달하는 지경이어서, 계교를 부리는 것이 천태만상이라고 할 수 있습니다.

그리하여 고시(考試)가 끝나기도 전에 성명(姓名)이 드러나고 방목(榜目 : 합격자 명단)이 나오기도 전에 물색(物色)이 먼저 정하여집니다. 따라서 뜻이 있어 스스로 이름 아끼기를 좋아하는 선비들은 괴황(槐黃 : 과거를 봄)의 길 떠나는 것을 수치스럽게 여겨온 지 오래입니다. (중략)

삼가 바라건대, 먼저 한 장의 종이에 분명한 명령을 내려 백성들에게 환히 보이는 것은 보감(寶鑑)으로 물건을 비추는 것과 같고 엄한 것은 태아(太阿 : 명검의 이름)를 손에 잡고 있는 것과 같이 근엄하게 하유함으로써 명을 따르지 않는 자는 형륙(刑戮)에 처한다는 의의를 크게 보이신다면, 오늘날 북면(北面)하여 섬기는 사람들이 어떻게 감히 크게 혁신되어 명을 받들어 임금의 하교를 따르지 않을 수 있겠습니까? 그렇게 하였는데도 마음을 고치지 않는 사람이 있으면 비로소 해당되는 율(律)을 적용하여, 흥망을 판가름하는 쪽으로 전이시키는 하나의 큰 기회로 삼으시면 더없는 다행이겠습니다." 하였다.

-(『순조실록』 9년 11월 16일)

순조 18년(1818) 성균관 사성(司成) 이형하(李瀅夏)는 과거의 부정행위를 총망라하여 고발하는 내용의 상소를 올렸다.

"지금 나라와 백성의 폐단을 말할 만한 것이 한두 가지가 아니지만 서둘러서 기필코 고치고야 말 것은 곧 과거(科擧)의 폐단입니다.

과거의 폐단이 제거된다면 인재가 등용되고 조정이 존중받으며, 선비의 추향이 정직하게 되고 민심이 안정되며, 기강이 서고 교화(敎化)가 행하여질 것이지만, 과거의 폐단이 제거되지 않는다면 이 여섯 가지가 모조리 병들게 될 것이니, 이를 어찌 눈앞의 안일만을 도모하고 일을 무서워하면서 무너져버리도록 내버려둔단 말입니까?

그 폐단의 항목을 열거하면, 차술차서(借述借書 : 남의 글을 베껴 쓰거나 남이 대신 글을 지어 써줌)에 거리낌이 없고, 수종협책(隨從挾冊 : 종인들이 책을 가지고 과장에 따라 들어감)을 마구하고 입문지유(入門之蹂 : 과장에 아무나 함부로 들어감)가 성하며 정권분답(呈券紛遝 : 답안지를 바꾸어 제출)을 합니다.

외장서입(外場書入 : 과장 밖에서 답안지를 써 과장에 들어감)을 하고 혁제공행(赫蹄公行 : 시험관이 문제를 응시자에게 미리 알려주거나 응시자가 시험관과 짜고 자신의 답안지를 알아보게 함)을 합니다. 이졸환면출입(吏卒換面出入 : 과장을 정비하는 이졸이 번갈아 과장에 드나들며 응시자에게 답을 알려줌)을 하고 자축자의 환롱(字軸恣意幻弄 : 답안을 조작하고 농간을 부림)을 합니다.

이외에도 수없이 많은 부정한 행위들을 다시 제가 들어 말할 수 없습니다. 이렇기 때문에, 방목이 나오자마자 세상 사람의 비난이 들끓게 되고, 과장을 한번 치르고 나면 멀리서 온 사람들이 실망하는 광경을 자주 보게 됩니다. 여기서 한 번 바꾸어 연전에는 감시

(監試)의 두 장소에서 과장을 폐지하는 일이 있었고, 두 번 바뀌어 작년에는 정시(庭試)가 남잡(濫雜)하여 시관(試官)을 논감(論勘)하기까지 하였으며, 세 번 바뀌어 지난 섣달의 감제(柑製 : 황감과)에서는 감자(柑子 : 귤)를 움켜쥐는 것도 부족하여 계단을 올라와 당(堂)에서 싸움판을 벌여 거의 과장의 몰골이 아니었습니다.

그러니 후일 식년시를 크게 설행할 때 경향 각지의 거자들이 모두 모이게 되면 그 제대로 읍양(揖讓)하고 진퇴하여 위의(威儀)가 정연하게 되어서 나라의 칙령(飭令)을 번거롭게 하지 않을 수 있을지 신은 잘 모르겠습니다.

그런데 만약 시행하는 데 폐단이 없고, 시험하는 데 효과가 있으며, 명령을 내리면 아랫사람들이 믿고, 법을 제정하면 범하는 자가 없도록 하는 데는 한 가지 좋은 방법이 있습니다. 그것이 곧 면전 시험입니다. (하략)"

당쟁이 치열했던 조선 후기에 각 당파는 과거를 자파의 세력 확장 수단으로 삼아 대대적으로 부정을 저질렀다. 시험문제를 미리 내고 모범답안을 지어 과거를 칠 자파 자제들에게 외우게 하는 방식이 많았다.

봉미(封彌 : 과거를 볼 때에 답안지 오른편 끝에 응시자의 성명, 생년월일, 주소, 사조(四祖)를 쓰고 봉하던 것)와 역서(易書 : 누구의 글씨인지 알아보지 못하게 하기 위해 한 사람이 제출된 여러 답안지를 옮겨 적음)도 지켜지지 않아 채점자는 누구의 답안인지 훤히 알고 채점했다. 이러니 채점의 공정성을 기대하기 어려웠다. [고려와 중국에서는 봉미와 역서가 엄정하게 지켜졌다.]

1894~1896년 사이 한중일 삼국을 두루 여행한 이사벨라 비숍(Isabella Bishop, 1831~1904) 여사는 과거제도를 이렇게 평가했다.

"조정 대신과 방백 수령들은 나라의 복지에 대해서는 전혀 관심이 없고 오직 자신의 재산을 모으는 데만 힘썼는데, 그들의 탐욕을 제어할 길이 없었다. 관리가 될 수 있는 유일한 길인 과거제도는 뇌물, 흥정, 매관매직 이상의 아무것도 아니었으며 공직 임명을 위한 기능을 더 이상 찾아볼 수 없었다."

임금도 과거의 각종 부정을 잘 알았지만 그다지 시정하려 애쓰지 않았다. 이조에서 과거는 결코 인재를 뽑는 시험이 아니라 군주의 지식인 통제 수단에 지나지 않았다.

현직 관료도 과거에 응시했고(갑과 급제가 의미가 컸으므로 을과 급제자와 병과 급제자는 관료 생활을 하면서도 응시했다.), 임금이 별도로 승진을 위해 현직 관료를 상대로 시험을 치른 것도 충성심을 확보하는 수단이었다. 임금의 자의적 결정으로 등수가 결정되는 승진시험 역시 공정성과는 거리가 멀었다. 관료의 업적으로 인사 고과를 하지 않은 것 자체가 국정운영이 비정상적이었음을 의미한다.

지약(知弱)으로 멸망한 나라

조선에서는 지식 통제를 엄격히 하려 인쇄·출판은 정부가 독점하고 서점을 허가하지 않았다. 조선이 서점이 없는 나라였다는 것이 믿어지지 않겠지만 엄연한 사실이다. 이조에서 기본 유교 경전인 사서오경이 고가의 귀한 물건이었고, 조정 관리들 가운데서도 사서오경을 집에 보유한 자가 드물었다.

출판기관은 1392년 세운 정부의 교서관(校書館) 단 하나였다. 교서관은 국책 서적을 제외하고는 책을 간행하지 않았다. 교서관에서 찍어낸 관판본(官版本)은 종수도 많지 않았고 간행 부수가 한정되어 특정 신하에게만 내사(內賜)되었다.

과거시험에 필요한 교과서인 『성리대전』이나 『사서오경대전』 같은 책조차 지방의 각 관서, 향교, 궁벽한 시골에는 한 권도 소장되어 있지 않아 선비들도 책을 구해 보기 어려웠다. 가난한 선비는 과거 공부에서 초집에 의존할 수밖에 없었다.

중종 때에는 관서(官書)의 유통을 원활하게 하려고 법을 정하고 절목까지 마련한 일이 있었고, 명종 때에는 사서(私書)의 장려를 계청(啓請)한 적도 있었으나 이루어지지 않았다.

서점을 설치하자는 주장도 있었으나 가져다 놓을 책이 없다는 이유로 받아들여지지 않았다.

이러니 필사한 책을 파는 행상이 서점을 대신했다.

책을 아예 만들지 않아야 불순한 사상이 퍼지는 것을 원천봉쇄할 수 있는 법이다. 유교 관련 서적 이외에는 어떤 외국 서적도 수입 금지였고 발각되면 처벌이 가혹했다. 이처럼 이조의 지식 통제는 철저했다.

조선과 대조적으로 임진왜란을 통해 조선의 인쇄술을 받아들인 일본은 출판사와 서점이 많이 생겼다. 인쇄와 서적 유통이 활발했고 서민층에도 책이 널리 보급되었다.

1711년 일본 전국의 서점 수는 1,100이 넘었는데 에도에만 660개가 있었다. 출판업자가 6천 명이나 되었다. 1741년에는 기독교 서적을 제외한 서양 서적 수입을 허용하고 1745년에는 네덜란드어 교습을 허용하였고 막부는 전국에 네덜란드어와 서양 지식을 배우는 난학교(蘭學校)를 세웠다. 19세기에는 서점이 수천 개로 늘어났다. 일본의 문맹률은 전 세계에서 손꼽힐 정도로 낮게 되었다. 이렇듯 일본의 독서 문화는 유서 깊다. 일본 백성은 '현민(賢民)'이 되었고 조선 백성은 우민(愚民)이 되었다.

이조가 억압적인 권력이었으므로 출판을 통제했다고 단정할 수 없다. 제정 러시아도 매우 억압적인 성격을 띠었으나 표트르 대제(재위 1682~1725) 시절 600종의 서적이 출판되었으며 1725~1775년 50년간 2천 종, 1775~1800년 사이에는 7,500종의 서적이 출판되었다.

1770년 무렵 제정 러시아에는 8종의 정기 간행물이 있었다. 이들 간행물은 러시아를 포함하여 유럽 상황을 논평하고 러시아 사회의 문제점을 비판하고 논쟁을 벌였다. 예카테리나 2세도 이런 논쟁에 참여했다. 1783년 예카테리나 2세는 민간 출판사를 허용했다.

이는 비록 권력이 억압적이었어도 국가를 발전시키겠다는 지향점이 있었기 때문이다. 오직 현상 유지만 하려는 이조와는 다를 수밖에 없었다.

흔히 '문약(文弱)'이 조선의 두드러진 특징이라 하고 문약으로 망한 나라라고 한다. 그러나 이는 어불성설이다. 각종 국어사전에는 문약을 대략 '글에만 열중하여 정신적으로 신체적으로 나약한 것'이라 풀이한다. 글에만 열중한다는 말은 지식 탐구와 지식 쌓기를 최우선으로 하여 그에 힘쓴다는 뜻이다. 정녕 그러했다면 조선의 지식수준은 세계 여러 나라와 비교해 선두권이었어야 마땅하다. 그러나 지배층이고 피지배층을 막론하고 상하 모두가 무지몽매했다. 군사력도 세계 최하위권에 속했지만 지식수준은 이른바 '문명사회'에서 의심할 바 없이 최하위 수준이었다. 조선은 문약한 나라가 아니라 '지약(知弱)한 나라'였다. 그 지약한 나라가 이웃의 '지강(知强)한 나라'보다 문호개방을 늦게 하니 지적 수준 차는 훨씬 더 커졌다. 문호개방을 해서 경이적으로 발달한 서양의 지식을 받아들이기 시작했지만 단기간에 조선이 국가적·

민족적 정신박약 상태를 벗어나는 것은 불가능했다.

일본의 한국 병합은 다른 나라 사람이 보기에는 '머리 좋은 나라' '유식한 나라'가 '바보 나라' '무지한 나라'를 식민지로 만든 것으로 자연스러운 일이었다. 조선은 문약으로 망한 것이 아니라 지약으로 망했다.

일본이 청일전쟁과 러일전쟁에서 승리하는 것을 보고 한국인들은 몹시 충격을 받았다. 이에 일본을 본받아 '상무 정신'을 키워야 한다는 주장이 유행했다.

『대한학회월보』1908년 6월호에는 "등이 구부러지고 얼굴이 창백하고 늘 겁에 질리는 문약의 조선인을 상무적 전사로 변형시켜야 한다."는 주장을 폈고 『황성신문』은 1910년 6월 28일자에서 7월 6일자까지 「문숭(文崇)의 폐해를 통론(痛論)함」이라는 장문의 연재기사를 실었다.

1896년부터 1910년까지 많지도 않은 학교에서 모두 운동회가 활발히 열렸다. 이는 상무 정신을 강조하는 풍조와 짝을 이루는 일이었다. 운동회는 여러 날 동안 시행되는 중요하고 진지한 행사로 학동들의 축제 이상의 것이었다. 구국(救國)을 위한 군사훈련이라는 성격이 있었으니 운동회 입장식에 선수들이 총을 메고 나왔다. 운동회 종목에는 대포알 던지기 등이 있었다.

그러나 상무 정신을 강조하는 것은 정곡을 빗나간 것이다. 과학기술이 무력의 토대임을, 즉 지식이 군사력의 원천임을 명확히 인식한 구한말 지식인은 매우 희소했다.

4장

대한민국의 이조화

법원과 검찰

이조에서 지방 수령은 소추권과 재판권 그리고 수사권을 모두 가지고 있었다. 재판은 오늘날의 형사재판에 해당하는 옥송(獄訟)과 민사재판에 해당하는 사송(詞訟)으로 나뉜다. 옥송에서 고문과 자복(自服)은 필수였다. 사송도 형사재판적 성격이 있었으니 판관이 원고·피고·증인을 구금하거나 고문을 가할 수 있었다. 이런 식의 재판이 얼마나 판관인 지방 수령의 마음대로 판결이 날 수 있는지 짐작할 수 있을 것이다. 사송과 옥송으로 벌어들이는 뇌물 수입이 엄청났다.

개항 이후 서양 문물을 받아들이면서 서양의 사법제도에 대한 관심이 커졌고 갑오경장 때 법무대신 서광범은 사법제도를 개혁했다. 1895년 1월(양력) 강도·절도·폭행·사칭·성범죄 등의 범죄는 이전의 태·장·도·유형에서 징역형으로 하고 참형과 능지형을 없애고 사형집행은 교수형과 총살형 두 가지로 했다. 또한 판사를 양성하는 법률학교를 세우도록 했다.

같은 해 양력 4월 19일(음력 3월 25일) 재판소구성법이 공포되었다. 이는 재판을 행정에서 분리하고 재판권을 재판소로 통일시키는 계기가 되었다. 그리고 부민고소금지법을 폐지하여 백성이 관원의 비리를 고소·고발할 수 있도록 했다.

신식 재판제도는 사법권 독립을 내포하고 있었으므로 당시 무력해진 군주 고종 이희는 반대했다. 군주권의 주요 요소인 재판권을 박탈하는 것이었기 때문이다. 지방 수령의 사무 가운데 재판이 80% 정도 비중을 차지하는데 이를 재판소 사법관들이 맡으면 목민관은 할 일이 거의 없어진다. 그리고 지방 수령과 아전의 재판을 통한 수입도 사라진다. 관료들도 사법제도 개혁에 반발했다.

1896년 2월 아관파천으로 군주권을 되찾은 이희는 사법제도를 구식으로 돌리려 했다.

1898년에 있었던 동학 2대 교주 최시형(崔時亨, 1827~1898) 재판은 역사의 아이러니였다.

1894년 동학농민운동은 주지하다시피 고부군수 조병갑(趙秉甲, 1844~1911)의 학정이 도화선이었다. 조병갑은 1895년 3월 유배형에 처해졌으나 국왕 이희는 채 4개월이 지나지 않아 석방했다. 대한제국 황제 이희는 1898년 1월 조병갑을 법부 민사국장에 임명했다. 4월 6일 최시형이 은거하던 강원도 원주에서 체포되었는데 고등재판소에서 재판을 받았다.

고등재판소는 상소심재판소로 최종심이었다. 고등재판소는 법부에서 임시로 개정하는 법정으로 합의체였다. 재판장 1인, 판사 2인, 검사 2인을 두었는데, 재판장은 법부대신 또는 법부협판이 맡았다. 판사는 법부의 칙임관이나 주임관 또는 한성재판소 판사 중에서 군주가 임명했다. 이희는 법부대신 조병직(趙秉稷)을 재판장에, 법무 민사국장 조병갑과 법부협판 주석면(朱錫冕, 1859~?)을 판사로 임명했다. 조병갑과 주석면은 7월 18일 최시형에게 사형을 선고했는데 당일로 사형이 집행되었다.

    법부대신 조병직이 아뢰기를,
    "방금 고등재판소의 문의서를 보니 (중략)
    피고가 지시하고 화응한 일은 없지만 그 변란이 일어나게 된 근원을 따져 보면 피고가 주문과 부적으로 백성들을 현혹시킨 데 있습니다. 피고 최시형은 『대명률』〈제사편(祭祀編) 금지사무사술조(禁止師巫邪術條)〉의 일체 좌도(左道)로써 바른 도를 어지럽히는 술책과 혹은 도상(圖像)을 숨겨놓고 향을 피워 사람들을 모으고 밤에 모였다가 새벽에 흩어지며 거짓으로 착한 일을 닦는다는 명목으로 백성들을 현혹시키는 데에서 우두머리가 된 자에 대한 형률에 비추어 교형(絞刑)에 처할 것입니다.' 하였습니다.
    해당 범인 최시형을 원래 의율(擬律)한 대로 처리하는 것이 어떻겠습니까?"
    하니, 윤허하였다.
-(『고종실록』 35년 7월 18일)

    조병직 역시 탐학으로 이름 높았고 1898년 가을 만민공동회 탄압에 앞장섰다.

【최시형 재판에 관해서는 사료가 얼마 되지 않는데 공판도 제대로 없었던 것 같다. 이희가 군부협판 주석면을 법부협판으로 임명한 날이 7월 11일이었다. 당일로 고등재판소 판사로 임명하여 다음날인 7월 12일 법정을 개정했다 가정하면 7일 만에 선고가 난 것이다. 실제로는 하루 만에 선고가 난 것 같다.】

1899년 7월 법규교정소가 설치되어 법제의 통일적 정비를 담당했는데 이곳에서 대한국 국제가 나왔다.

1905년 4월 29일 대한제국은 법규교정소가 5년간 준비한 『형법대전』을 공포했다. 이는 서구식 형법의 외피를 쓴 『대명률』로 관인과 일반 백성의 모든 범죄처벌을 위한 종합목록에 지나지 않았다.

구한말 민족 언론은 이조 사법제도에 대한 불신을 노골적으로 드러냈다. 『대한매일신보』는 '수백 년 악정부' 하에 법이 있었지만 사실상 '무법률' 상태였다고 했고 『만세보』는 『경국대전』이 아닌 '세력대전(勢力大全), 뇌도대전(賂賭大全), 촉탁대전(囑託大全)'이 법전을 대신해 왔다고 야유했다.

이토 히로부미 등 통감부의 일본 관리들은 (구)한국인이 엉터리 재판으로 고통 받는 현실을 잘 알았다. 이토 히로부미는 일본 지배에 대한 조선인의 복종을 이끌어내는 것은 사법제도의 운영에 달려 있다고 말했다. 그리하여 1907년부터 일본인 법관을 대한제국이 빙용(聘用)하도록 했다. 일인 법관들은 공정한 수사와 재판이 이루어지도록 노력했다.

1908년 이토 히로부미는 대한제국에 빙용되어 가는 사법관들에게, 한국의 제도에 문제가 많아 여러 가지를 바꾸어야 하지만, 그 가운데 사법제도가 중요하다고 했다.

사법은 문명적으로 관찰하면 여러 시정(施政) 중 가장 중요한 부류에 속한다고 아니 할 수 없다. 어느 나라든지 전제(專制)에서 법치로 갈 때, 예를 들면 헌법을 시행하여 규칙을 세운 정치를 행하고자 하는 경우 반드시 개혁의 제일을 사법의 독립에 두고 이를 실행하는 것을 절대로 필요하다고 인정하지 않을 수 없다. … 중앙과 지방을 불문하고 사법권의 독립이 없으면 개인의 선정은 혹 행해질지 모르지만 도저히 전체의 시정개선을 기할 수 없으므로 나는 먼저 사법권의 독립을 한국 정치 개선의 벽두에 걸었다.

1909년 일본은 대한제국의 사법권을 가져갔다. 이토 히로부미가 일본 법관이 조언 권유하는 정도로는 미흡하고 직접 수사 재판하여야 재판이 공정해져서 민심을 얻을 수 있다고 판단했기 때문이었다.

1909년 7월 12일 대한제국의 사법 및 감옥 사무를 일본 정부에 위탁한다는 약정서가 작성되었다. 다음은 그 내용이다.

〈약정서(約定書)〉

한국 정부와 일본 정부는 한국의 사법과 감옥에 대한 사무를 개선하고 한국의 신민(臣民), 아울러 한국에 있는 외국 신민 및 인민의 생명과 재산 보호를 확실하게 할 목적과 한국 재정의 기초를 공고하게 할 목적으로부터 다음과 같은 조항을 약정한다.

제1조
한국의 사법과 감옥에 대한 사무가 완비되었다고 인정될 때까지는 한국 정부는 사법과 감옥에 대한 사무를 일본 정부에 위탁한다.

제2조
일본 정부는 일정한 자격을 가진 일본인과 한국인을 한국에 있는 일본 재판소와 감옥의 관리로 임용한다.

제3조
한국에 있는 일본 재판소는 협약 또는 법령에 특별한 규정이 있는 경우 한국 신민들에 대하여 한국의 법규를 적용한다.

제4조
한국의 지방 관청과 공공 관리는 각기 직무에 따라서 사법과 감옥 사무에서는 한국에 있는 일본의 당해 관청의 지휘명

> 령을 받으며 또는 이것을 보조한다. 일본국 정부는 한국의 사법과 감옥에 관한 일체 경비를 부담한다.
>
>   이상을 각각 본국 정부의 위임을 받아 한국과 일본의 글로 된 각서(覺書) 각 2도(度)를 작성하여 이것을 교환하고 뒷날의 증거로 하기 위하여 기명(記名)하고 조인한다.
>
> 융희(隆熙) 3년 7월 12일
내각총리대신(內閣總理大臣) 이완용(李完用)
>
> 명치 42년 7월 12일
통감(統監) 자작(子爵) 소네 아라스케(曾禰荒助)

  이로써 대한제국의 사법권이 일본제국에 넘어갔다. 공정한 재판을 기대하는 한국 민중은 이를 환영했다. 몇 달 지나지 않았는데도 한국 민중의 기대가 충족되어 일본의 지배를 긍정적으로 보게 되니, 미주에서 발행하는 『신한민보』는 1910년 2월 9일자 기사에서 다음과 같이 한탄했다.

  "(일본이 한국 사법권을 장악한 뒤) 악한 관리의 탁란(濁亂 : 사회나 정치가 어지러움)하던 폐단이 없어지고 재판을 공정히 하는 고로, 지방 인민들은 도리어 다행으로 알고 일본에 복종하는 마음이 점점 생긴다고 하니 적은 이익을 달게 하고 큰 의리를 모르는 저 노예를 다 어찌 할꼬."

1912년 3월 조선총독부는 조선민사령(朝鮮民事令)을 공포했다.

일본 정부는 1898년에 제정된 일본 민법을 조선의 관습을 인정하는 가운데 조선에 적용하도록 했다. 그리하여 일본 민법과 조선의 관습법이 조선에 시행되었다. 조선민사령은 조선에 거주하는 모든 사람(외국인을 포함해서)은 사권(私權)을 향유하는 주체로 법인(法認)했다. 조선민사령으로 소유권 절대의 원칙과 계약자유의 원칙에 입각한 근대적 재산권 제도가 정립되었다. 이조에서는 사유재산권이 불완전하여 양반 관료가 상민의 재산을 폭력으로 갈취하는 일이 많았는데 경제 위기가 본격화된 19세기 중반 이후 더욱 심해졌다. 조선민사령 공포 이후 양반의 횡포는 사라졌다.

1914년 조선총독부는 인간다운 품위를 갖추지 못하는 이름 – 개똥[介同], 도야지(道也知), 쇠돌[金乭], 삼월(三月) 등의 천민 이름– 을 호적에 등록하는 것을 금지했다.

일정기에 판사와 검사 중에 조선인이 차지하는 비율은 매우 적었다. 절대 수도 얼마 되지 않았다. 1940년 당시 조선인 법조인 수는 판사 · 검사 · 사법관 시보 · 변호사 모두 합쳐 300명이 되지 않았다.

1945년 9월 미군정이 시작되면서 조선총독부 재판소는 군사점령 재판소(Military Occupation Court)로 전환되었다. 미군정 법무국은 일본인 직원을 대체하고 한국인 직원을 충원하고 훈련시켰는데 법률 전문가 자격이 있는 한국인은 150명 정도였다(북한에도 비슷한 숫자의 법률 전문가가 있었다.).

법무국에서 근무하게 된 미군 장교들은 한국 법률 전문가들의 신분제 의식, 서열 의식에 당혹했다. 특정 지위를 가진 사람은 특정 종류의 책상이 있어야 하고, 그 책상은 특정 위치에 있어야 한다는 미국인은 도저히 이해할 수 없는 문제가 일어났다. 검사와 판사의 서열, 책상 크기, 사무실 면적, '누가 누구에게 먼저 인사할 것인가' 등으로 다툼이 났다. 이는 한국인에게는 너무나 중요한 문제로 이것이 해결되지 않아 재판소 사무가 일주일간 정지되기까지 했다. 피곤해진 미국인들은 알아서 독단적으로 지시하고 서열을 정해 이 문제를 해결했다. 그 후에도 이러한 다툼이 있었다. 한 군정청 미군장교가 불시에 어느 재판소를 찾아갔더니 판사와 검사들이 난롯가에 앉자 누가 어떤 의자에 앉아야 할 것인지 논쟁하고 있었다.

미군정하의 재판소에서 한국인 검사와 판사는 모두 정치인이었다. 각종 정당, 정치단체, 위원회 등의 정치집단과 줄을 대고 자리차지하기 경쟁을 벌였다. 미군정청은 1945년 10월 한민당 문교부장 김용무(李用茂)를 대법원장, 한민당 당무부장 이인(李仁)을 대법관으로 임명했다. 1946년 5월 이인이 대법원 검사총장(검찰총장)으로 자리를 옮겼고, 한민당 중앙감찰위원장인 김병로(金炳魯)가 법무국 후신인 사법부의 부장이 되었다. 이 3인은 일정기에 항일 변론 및 우파민족주의 활동을 한 법률가 겸 정치인이었다.

이 법률 전문가들은 근대 교육을 받은, 당시로서는 고급 지식인이었다. 그러나 이들 가운데 신분제 의식을 제대로 벗어난 사람들이 얼마나 되었는지는 알 수 없다.

대표적인 의병장으로 국사 교과서에 화려하게 나오는 유인석(柳麟錫, 1842~1915)은 자유와 평등을 중시하는 서구 사조를 익히 들어 이해한 상태에서 이를 반박했다. 그의 저서 『의암집(毅庵集)』 제51권 「우주문답」은 그의 세계관을 문답 형식으로 쓴 글이다. 여기에서 유인석의 신분제 의식이 잘 드러난다.

「우주문답」에서 자유와 평등 개념을 비난한 내용은 다음과 같다.

문 : 서양 사람들이 술책으로 주장하는 것이 평등과 자유이고 천하의 여론이 돌아가는 바도 평등과 자유라고 한다. 평등과 자유라는 것은 대체 어떤 것인가?

답 : 심하다. 술책으로 주장하는 것의 근거 없음이. 심하다. 말이 돌아가는 바에 할 말이 없음이.
평등과 자유란 어지러운 다툼을 일으키는 근원이다.
천지에는 높고 낮음이 있고, 만물에는 크고 작음이 있다. 산에는 높은 봉우리와 언덕이 있으며 물에는 도랑과 큰 바다가 있다. 이런 것이 **어찌 서로 평등하겠는가?**
인간에게도 임금과 신하, 아비와 자식, 남편과 아내, 어른과 젊은이, 윗사람과 아랫사람, 귀한 사람과 천한 사람의 구분이 있으며, 성인과 보통 사람이나 지혜로운 자와 어리석은 자 같은 차이가 있는데, **어찌 서로 평등하겠는가?**
서양의 입헌군주제에도 임금이 있고 신민이 있으며, 공화정에도 대통령과 부통령이 있고 또 상원과 하원이 있으니, 필경 평등은 불가능하다.

천지의 사람과 사물은 서로 구하고 규제하는 이치가 있고, 음양오행은 순역(順逆)하고 생극(生剋)함이 있어 서로 이루는 것이다. 그러므로 사람의 오품(五品 : 부·모·형·제·자)에는 서로 순하는 도리가 있다.

군신의 일로 말하자면 신하는 군주에게 규제되고 백성은 신하에게 규제되며, 군주 또한 백성을 돌아보고 두려워하는데, 어떻게 자유롭다 할 것인가. 서양의 제도에도 그 나름의 등위와 명분이 있으니 그 또한 자유가 될 수 없다. 만약 '하늘이 똑같이 낸 것이 사람인데, 어찌 사람 아래 사람이 있겠는가. 마땅히 평등은 하늘에서 얻어서 각자 주권이 있는데, 어떻게 다른 사람에게 규제되겠는가. 마땅히 이미 자유롭다.'고 하여 이런 이유로 평등하고 자유롭다고 한다면 사람이 되는 까닭을 잃은 것이다.

사람은 각자 성선(性善)의 귀한 바가 있어서 요순과 같은 사람이 될 수 있는데 이점이 평등하다 하면 그것은 옳다. 그러나 사람이 모두 인덕의 자당(自當)함을 지니고 있다 해서 스승에게도 사양하지 않는다면 스승에게 뿐만 아니라 아들로서 아버지에게 사양하지 않는 것이며, 신하로서 임금에게 사양하지 않는 것이며, 천한 사람으로서 존귀한 자에게 사양하지 않는 것이다. 이런 이유로 자유라 한다면 옳겠는가. 이와 같다면 사람으로서 사람 되는 까닭을 저버리는 것이다.

평등이란 곧 무질서이며, 무질서란 곧 혼란이다. 자유란 곧 사양하지 않음이며, 사양함이 없다면 곧 싸움이다.

지금 세상이 혼란하고 싸움이 (잦은 이유는) 다름이 아니라 평등과 자유 때문이다.

평등과 자유를 주장하면 어지러이 다투는 마음이 일어나 행동으로 어지러운 다툼을 일으키게 된다. 천하가 평등과 자유로 귀의하면 어지러이 다투는 마음이 일어나 행동으로 어지러운 다툼을 일으키게 된다. 만약 (다툼을) 그치지 않는다면 인류는 장차 쇠잔해 없어질 것이오, 천지도 반드시 무너질 것이다. (…)

평등과 자유는 만고천하에 비길 데 없는 가장 나쁜 말이니, 다름이 아니라 사람들로 하여금 모두 거리낌이 없게 하고 사람들을 모두 소인배로 만들려고 하기 때문이다. 이런 것을 중국과 조선에서 시행할 수 있겠는가?

유인석은 사회의 신분질서 즉 명분(名分)을 가장 중요한 윤리로 인식했다. 그러니 이를 부정하는 자유와 평등 개념을 사악하다고 보았다.

1962년 국가재건최고회의는 유인석에게 건국공로훈장 복장(復章)을 수여했다.

【이때 수여한 건국공로훈장은 중장(重章), 복장, 단장(單章) 세 종류였다.】

구한말 일제에 대한 무장투쟁인 의병운동을 유림이 주도한 이유는 서양화된 일본에 의해 차별이 극심한 신분질서, 위계질서가 무너지고 있다는 판단에서였다. 그러므로 유림은 대대적인 근대화 개혁을 하려는 개화세력과 갑오경장을 사악하다고 보았다. 이들의 목표는 국왕을 정점으로 하는 구래의 신분질서를 복구하는 것이었다. 1896년 초 유인석이 상민 의병장 김백선(金伯善)을 참수한 일에서 그것이 잘 드러났다. 그러므로 의병투쟁에 참여한 민은 이들의 의도를 알고는 이탈했다.

유인석을 시대에 뒤떨어진 몰상식한 지식인으로 보고 대한민국의 여러 정부부서에 자리 잡은 '배운 이'는 다를 것이라고 자신할 수 있는가?

1948년 정부가 수립되어 민주주의를 내걸었어도 이조의 법가 문화는 정치권, 검찰, 경찰에 잔존했다. 사법 기능을 가진 이조의 사헌부, 의금부 등이 군주의 의지대로 모든 정치 사건을 처결했듯이, 대한민국에서도 시국 사건에서 검찰과 경찰의 수사는 집정자의 의지에 충실했다. 이렇게 된 것은 제도의 문제이기도 하지만 인성과 가치관의 문제이기도 하다.

민주공화정인 대한민국 구성원의 상당수는 신분제 의식과 법가적 사고를 지니고 있다. 겉으로는 이를 숨기지만 가끔 드러내기도 한다.

2016년 7월 7일 교육부 정책기획관 나향욱은 경향신문 정책사회부장, 교육부 출입기자와 저녁을 함께하는 자리에서 신분제 의식, 법가적 가치관을 실토했다. 이 자리에는 교육부 대변인, 대외협력실 과장이 동석했다.

나향욱 : 나는 신분제를 공고화시켜야 한다고 생각한다.
- 신분제를 공고화시켜야 한다고?
나향욱 : 신분제를 공고화시켜야 된다. 민중은 개·돼지다, 이런 멘트가 나온 영화가 있었는데….
- 〈내부자들〉이다.
나향욱 : 아, 그래 〈내부자들〉…. 민중은 개·돼지로 취급하면 된다.
- 그게 무슨 말이냐?
나향욱 : 개·돼지로 보고 먹고살게만 해주면 된다고.
- 지금 말하는 민중이 누구냐?
나향욱 : 99%지.
- 1% 대 99% 할 때 그 99%?
나향욱 : 그렇다.
- 기획관은 어디 속한다고 생각하는가?
나향욱 : 나는 1%가 되려고 노력하는 사람이다. 어차피 다 평등할 수는 없기 때문에 현실을 인정해야 한다.
- 신분제를 공고화시켜야 한다는 게 무슨 뜻인가?
나향욱 : 신분이 정해져 있으면 좋겠다는 거다. 미국을 보면 흑

인이나 히스패닉, 이런 애들은 정치니 뭐니 이런 높은 데 올라가려고 하지도 않는다. 대신 상·하원… 위에 있는 사람들이 걔들까지 먹고살 수 있게 해주면 되는 거다.

- 기획관 자녀도 비정규직이 돼서 99%로 살 수 있다. 그게 남의 일 같나?

(나향욱은 아니다, 그럴 리 없다는 취지로 대답)

- 기획관은 구의역에서 컵라면도 못 먹고 죽은 아이가 가슴 아프지도 않은가. 사회가 안 변하면 내 자식도 그렇게 될 수 있는 거다. 그게 내 자식이라고 생각해 봐라.

나향욱 : 그게 어떻게 내 자식처럼 생각되나. 그게 자기 자식일처럼 생각이 되나.

- 우리는 내 자식처럼 가슴이 아프다.

나향욱 : 그렇게 말하는 건 위선이다.

- 지금 말한 게 진짜 본인 소신인가?

나향욱 : 내 생각이 그렇다는 거다.

- 이 나라 교육부에 이런 생각을 가진 공무원이 이렇게 높은 자리에 있다니…. 그래도 이 정부가 겉으로라도 사회적 간극을 줄이기 위해 노력해야 한다고 생각하는 줄 알았다.

나향욱 : 아이고… 출발선상이 다른데 그게 어떻게 같아지나. 현실이라는 게 있는데….

나향욱이 보기에 한국은 이미 신분제 사회, 카스트 사회이다. 하위 카스트가 상위 카스트를 넘보지 못하게 해야 한다고 한다. 이런 사고를 하는 자가 교육정책을 만드는 자리에 있으니 교육제도의 변화, 입시제도의 변화가 참으로 지향하는 것이 무엇이겠는가.

정책 결정권을 가진 자 가운데 나향욱 같은 자가 소수라고 단언할 수 없다. 건국 이후 이른바 고위관료를 역임한 자 가운데 신분제적 사고를 하는 경우가 참으로 많았는데, 이런 자들이 줄어들 이유가 별로 없었다. 속으로 이런 사고를 하는 정치집단이나 고위공무원이 만드는 정부의 정책은 기만적일 수밖에 없다.

정책을 입안하고 만드는 고위공무원이나 정치권마저 직을 세습화시켜 한국사회를 카스트 사회로 만들려는 의도가 있는 것이 더 우려된다(이미 카스트 사회가 되었다고 한탄하는 이도 많다.).

【나향욱의 약력은 대강 이렇다.
1969년생. 부친은 법원 부이사관 출신 법무사이고, 대법관 및 전국구 국회의원을 역임한 나길조가 당숙.
경상남도 마산(현 창원시) 출신으로 마산중앙고등학교를 졸업한 후 연세대학교 교육학과 87학번으로 입학.
1992년에 23세의 나이로 제36회 행정고시 교육행정직에 합격.
이후 고시 잡지인 〈고시계〉에 여러 차례 문제 답안을 작성하였는데, '우리 교육의 위기와 신뢰성 확보를 위한 과제'에 대한 예상 문제 답안에서 오랜 유교적 전통의 영향으로 교육이 신분 상승과 사회 경제적 위치의 상승, 출세의 수단으로서만 여겨지는 것이 문제라며, 사회의 그릇된 인식을 불식시키는 방안이 필요하다고 적었다.

1993년 사무관(5급)으로 임용되어 2005년에 서기관(4급)으로 승진했고, 2008년까지 3년 동안 미국 아이오와 주립대학교에 파견되어 국비로 박사과정을 수료. 전공은 고등교육.

대학교의 입시정책, 연구지원정책, 장학정책, 입시행정, 학사행정, 연구행정, 교과목 개발 등을 연구 대상으로 삼는 프로그램으로서, 향후 대한민국의 대학 교육정책 전체를 좌지우지할 핵심인물의 양성 코스를 밟았다.

학비와 체재비는 국비. 장기국외 훈련(공무원 국비유학)의 경우 2년간은 매년 학비(연 약 18,000불 한도)와 봉급이 지급됨.

2010년 교과부 장관 비서관, 2011년 청와대 행정관 등으로 근무. 교과부 교직발전과장으로 재직하던 2009년 8월 27일에는 경상북도 교육청 주관으로 '친서민 교육정책 홍보 강연회'를 실시. 이날 '모두를 배려하는 교육, 교육비 부담 없는 학교를 위한 이명박 대통령의 서민을 중시하는 교육정책'이라는 주제로 특강.

학생 잠재력과 가능성을 평가하는 대입전형 입학사정관제, 대학 졸업장보다 대우받는 기술인 마이스터고등학교, 자율형 사립고등학교 등 소외계층을 위한 사회적 배려 대상자 전형, 서민 부담을 덜어주는 학원비 안정화 등 이명박 정부의 교육정책을 설명.

"농산어촌 전원학교, 연중 돌봄학교, 농산어촌 영어교육 등 도시에서도 전학 오고 싶어 하는 농산어촌 교육을 만들어 나가겠다."

"누구든지 능력과 의지만 있으면 교육을 받을 수 있다는 사회 분위기를 조성하고, 누구나 성공할 수 있는 사회를 교육으로 실현하겠다."

이후 2010년 8월에 부이사관(3급)으로 승진하여 지방교육자치과장을 하다가, 2012년 5월부터 미국 워싱턴 D.C.에 소재한 월드 뱅크(World Bank)에 파견되어 사회협력분야 업무를 맡았다. 거기서 약 3년간 억대 연봉(월급 $12,000)을 받았다.

2016년 3월에 교육부 정책기획관으로 승진하였다. 직급은 똑같은 부이사관(3급)이나 국장급 고위공무원으로, 역사교과서 국정화와 누리과정, 대학구조개혁 같은 교육부의 굵직한 정책을 기획하고 타 부처와 정책을 조율하는 핵심 보직.】

나향욱은 한국사회가 규정하고 있는 출세 코스, 즉 명문대 합격 그리고 고시 합격의 길을 걸었다.

그러면 반체제적이라는 운동권의 길을 겪은 자는 다른가?

실질적으로 교육정책을 만들고 집행하는 교육감 가운데 조희연이 있다. 이 애는 나향욱보다 더한 모습을 여러 차례 보였다.

2018년 6월 서울시 교육감 선거에서 재선에 성공한 조희연은 외고 폐지 드라이브를 예고했다.

재선에 성공한 조희연은 27일 이른바 '외고 폐지 자격 부족' 비판론에 대해 "양반이 양반제도를 폐지하자고 해야 더 설득력이 있다."고 외고 폐지 정책 추진의 당위성을 강조했다.

조 교육감은 선거 기간 핵심 고교 정책으로 외국어고(외고)·자율형사립고(자사고) 폐지를 내세우면서도 두 아들을 외고(명덕 외국어 고등학교와 대일 외국어 고등학교)에 보낸 것이 알려지면서 '내로남불(내가 하면 로맨스, 남이 하면 불륜)' 아니냐는 비판이 제기됐다.

조희연은 이날 라디오 인터뷰에서 6·13 전국 시·도 교육감 선거 과정에서 상대 진영이 '외고 폐지 자격 부족'으로 집중 공세를 펼쳤다는 사회자의 질문에 우선 "그 부분은 제가 겸허하게 비판을 받아야 할 것 같다. 부족하다는 것을 인정하고 죄송스럽게 생각한다."고 말했다.

조희연은 이어 '양반제' 비유를 꺼내 들며 외고 출신 자녀를 둔 자신이 오히려 외고·자사고 폐지를 주장할 때 정책이 힘을 얻을 수 있다고 설명했다. 그는 "조선 시대 말이나 근대로 넘어오는 과정에서 보면, 양반제도 폐지를 양반 출신이 주장할 때 더 설득력 있고 힘을 갖게 된다."며 "서민, 천민, 중인들만 양반제도 폐지를 주장하면 크게 공감대가 적다."고 말했다. 또 "역으로 양반 출신이 양반제 폐지를 주장하는 게 시대적 흐름이다. 그게 전향적으로 사회가 발전하는 것"이라며 "작은 목소리로 작은 변론의 말씀을 드린다."고 말했다.

조희연은 2017년 10월 국회 교육문화체육관광위원회의 교육청 국정감사 당시만 해도 아들 둘이 외고를 졸업한 데 대해 "공적 문제와 개인의 문제는 다르지만 변명하고 싶지 않다. 제 부덕의 소치"라며 바짝 엎드렸었다.

【조희연의 약력은 대강 이렇다.

1956년 11월 8일, 전라북도 정읍군 정주읍 연지리 미창동(현 정읍시 연지동 미창마을)에서 정읍세무서 공무원 조일환(曺日煥, 1920~1997)의 5남 2녀 중 막내로 출생

전주풍남초등학교와 전주북중학교를 졸업

1972년 서울 중앙고등학교에 입학(경기고는 낙방)

1975년 서울대학교 사회계열(사회학과)에 입학

1978년 서울대학교 사회학과 4학년 재학 중에 '유신헌법과 긴급조치를 철폐하라'는 유인물을 배포하다가 긴급조치 9호 위반 혐의로 기소되어 징역 2년·자격정지 2년을 선고받음

1979년 8월 15일 가석방으로 출소했으며, 전과로 인해 병역 면제

1980년 서울대 졸업

1981~1983년 연세대학교 대학원 사회학 석사

1984년부터 한국산업사회연구회 회원(운영위원)

1985~1992년 연세대학교 대학원 사회학 박사

1988~1991년 학술단체협의회 정책위원

1988년 12월부터 한국사회과학연구소 회원(연구기획의원)

1990년 성공회대학교 교수 임용

1990년부터 성공회대학교 교수로 재직하면서 NGO대학원장, 시민사회복지대학원장, 일반대학원장, 기획처장, 교무처장, 민주자료관장, 민주주의연구소장 등을 역임

1991년 5월부터 《월간 사회평론》의 편집기획주간

1995년부터 1996년까지 미국 USC(서던캘리포니아 대학교)에 초청되어 한국 관련 과목을 가르침

1994년 박원순 변호사 등과 함께 참여연대 창립을 주도했으며, 사무처장, 집행위원장, 정책위원장 등 역임

2010년에는 중화민국 국립교통대학의 '사회조사 및 문화연구대학원'에 초청되어 1학기 동안 가르침

2011년에는 일본 도쿄의 게이센 여학원 대학에서 1학기 동안 가르침

2014년 서울특별시교육감 선거 당선】

한민족은 500년이 넘도록 법가적 통치를 받아와 최소 인구의 30% 이상이 법가적 체제에 적합한 인간형이 되었다. 입신양명 이외에는 관심이 없고 강자에게 비굴하고 약자에게 오만한 것이 법가적 인간의 전형이다. — '갑질'은 약자에게 행하는 오만함이다.

법가적 인간형에게 법규는 사회정의를 실현하는 보편적 규범이 아닌 이익을 구현하거나 타인을 처벌하는 수단이다.

한국의 사법부와 검찰에는 법가적 인간이 우글거리니 정검유착, 정검일체는 필연이었다.

기존의 사법부와 검찰 구성원 선발 양식은 법가적 인간에게 매우 유리했다. 신분제 사회가 무너지고 새로운 질서가 이뤄지지 않은 가운데 만인 대 만인의 투쟁이 벌어진 한국사회에서는 법가적 인간이 출세에 유리했고, 이 때문에 사회의 도덕성이 나아질 수 없었다. 이러한 사회에서는 명색이 지식인이나 엘리트가 겉으

로는 공익을 내세워도 실제로는 사익만 추구하는 경향이 있다.

 법가적 인간이 다수인 나라에서 정치세력을 보수-진보, 좌익-우익으로 나누는 것은 본질을 호도하는 속임수이다. 법가적 인간은 정치적 신념이나 양심에 따라 정치노선이나 종교를 선택하는 것이 아니라 자신의 처지나 이해관계에 따라 결정하기 때문이다. 그런 나라에서 명실상부한 민주주의는 불가능하다.

 사법부와 검찰은 권력의 시녀가 아니라 공범 또는 공동정범이었다.

【한국사회에서 정권 차원의 권력형 범죄에서 유용한 알리바이가 있으니 '하수인론(下手人論)'이다. 검찰도 경찰도 하수인에 불과했다며 간첩조작 사건 같은 반인륜적 범죄에서도 군사독재 또는 전 아무개 1인에게 전적으로 책임을 돌린다. 시국사건이나 공안사건에 관련하여 수사하고 형사 절차를 밟고 법원에서 판결까지 내리는데 정보부, 경찰, 검찰, 법원 등 여러 기관 소속의 수십 인이 관여한다. 모두가 범죄 행위가 이루어지고 있다는 것을 잘 안다.

 이들이 하수인론으로 면책 받으려면 하수인은 노예이거나 사람이 아니라고 규정해야 한다. 스스로 생각할 능력이 없고, 가치 판단, 윤리적 판단을 할 능력이 없고, 부당한 명령에 저항할 엄두를 내지 못하는 존재가 하수인이라면 면책이 가능한데, 스스로 잘났다고 자부하던 자들이 하수인론으로 자기기만을 하고 면책 받으려 한다. 하수인은 사람이 아니니 죽여도 죽인 것이 아니라 작동 중지시켰다고 말해야 하고 살인죄가 아닌 물건 파손죄를 적용해야 할 판이다. 이런 노예 같고 로봇 같은 하수인들에게 검찰 독립, 사법부 독립을 보장해야 무슨 의미가 있는가.】

이른바 '독재정권'은 무너지고 단죄 받았지만 공범이었던 검찰 등은 하수인론으로 빠져나가고 검찰 독립을 주장한다. 검찰 독립론은 결국 검찰 독재를 합법화시키는 것에 불과한데, 여기에 많은 사람이 속았다. 이조 시대나 권위주의 정권 시절과 달리 87년 이후에는 권력의 수명이 5년 정도이므로 검찰의 권력은 정권이 힘이 있는 초기 2~3년간만 통제할 수 있는데, 정권 말기에는 정치권이 검찰의 칼날에 떨게 된다. 검찰 내부에서는 새로이 인사권을 가지게 될 것 같은 정치 집단에 줄을 선다. 이른바 민주화 이후 검찰은 더욱더 정치화했다.

검찰의 비대한 권력은 정권을 바보로 만들고 무력화시키기도 한다. 검찰을 장악한 정권 초기는 검찰 권력 행사의 위력을 보고 무엇이든지 할 수 있다는 착각에 빠지기 쉽다. 그러나 민생 문제 해결은 권력 행사로 되는 것이 아니다. 시간이 흐르면 권력은 아무것도 할 수 없다는 것을 깨닫지만 다음 선거에 이겨야만 몸보신할 수 있으므로 정쟁 이외에는 관심을 둘 수 없고 정부 기능은 멈춘다.

대한민국 교육의 본질

전근대 사회에서 교육은 대개 지배층의 독점물이었다. 지식 없이 대민 지배는 불가능한데 그 지식을 전수하는 교육은 당연히 지배층 내부에서만 이루어졌다. 한자 문화권에서 전수된 지식을 평가하여 관리를 등용하는 일은 일찍이 있을 수밖에 없었다. 이조에서 교육은 시험제도와 거의 동일한 것이었다.

이조가 대민(對民) 수탈 체제를 구축하고 유지하는 데 지식인의 협조는 필수였다. 그러나 왕실과 더불어 부귀영화를 누릴 수 있는 권문세가는 많을 수가 없었다. 다수가 나눠먹으면 돌아가는 몫이 적어지니 제한해야 했다. 이러니 부귀영화에서 소외된 식자들이 많아질 수밖에 없었다. 이조는 소외된 독서인의 반체제화를 막기 위해 부정기 과거시험을 빈번히 실시하여 달랬다. 그러나 한계가 있어 이조 후기에 들어 몰락 양반의 반체제화 현상이 여러 가지 형태로 나타났다.

이조의 경제상황이 급격히 악화되는 19세기에 들어 변란(變亂) 모의가 활발해졌다.

변란은 대체로 향촌 사회에 뿌리를 내리지 못하고 어렵게 살던 지식인들이 주도하여 정권 탈취를 목적으로 일으키는 무장반란이다. 소수의 가문이 관직을 독점하는 세도정권의 성립과 매관매직의 성행으로 양반층 내부의 계층분화는 더욱 촉진되었다. 대다수의 양반은 권력에서 소외되었으며 과거의 문란과 매관매직의 성행으로 정상적인 관직 진출이 극히 어려워졌다. 이로써 관직 진출이 불가능해지고 경제적 여유도 없었던 양반 가운데는 상민들보다 못한 부류도 많아졌다.

과거에 가문의 운명을 걸었던 가난한 양반들은 농·공·상 등의 생업에 종사했으며 서당 훈장(訓長), 의원(醫員), 지관(地官)이 되기도 했다. 이외에 소상인이나 소작농 머슴이 되기도 했다. 이들은 상민들에게도 모욕을 당했고 생계를 위해 부유한 상민에게 통혼을 구걸하기도 했다. 이러한 가운데 사회에 대한 비판 의식을 키워나가는 부류가 있었다.

19세기에는 문학 작품의 상품화가 이루어졌는데 주요 작가들이 '몰락 양반'이었다. 19세기 한문 단편소설에는 능력은 있으나 문란한 과거제도 등으로 뜻을 펴지 못하던 가난하고 소외된 한유(寒儒)·빈사(貧士)들의 의식세계가 잘 드러나 있다.

이들은 누구보다 현실사회의 모순과 부조리를 뚜렷이 인식했으므로 세상을 바꾸어보려는 부류도 생겼다. 이러한 이들은 이전에도 있었으나 19세기 후반으로 오면서 사회적 모순이 더욱 커지자 한층 많아졌다. 이들은 민란이 일어나면 탐관오리의 횡포를 조정에 호소하는 문건을 대필하기도 하고 스스로 명화적에 가담하여 활동하기도 했다.

19세기에는 수없이 많은 변란 모의가 있었다. 그러나 거의 다 모의 단계에서 끝났다. 실행하다가 실패한 변란은 몇 개 되지 않는다.

19세기의 변란 중에서 대표적인 것은 이필제(李弼濟)의 난이다. 이필제는 전의 이씨로 평생을 변란(혁명)을 꿈꾸고 산 사람인데(좋게 말해 직업 혁명가였다.) 고종 6년(1869)에서 고종 8년에 걸쳐 진천, 진주, 영해, 문경 등 네 곳에서 연속적으로 변란을 기도했다. 이필제는 주로 인척 관계나 평소의 친분 관계를 이용하여 동조자를 포섭하는 한편, 거사에 필요한 자금을 모으기 위해 부유한 자를 끌어들였다. 체포된 이필제 일당은 처형되거나 유배형에 처해졌다.

이외에도 변란 기도는 매우 많았고 1894년 동학란까지 계속 끊이지 않았다. 그러나 시대적인 제약과 변란 주도층의 한계로 변란은 실패할 수밖에 없었다. 변란을 주도하는 계층은 몰락한 양반이고 지식인이었다. 이들은 이념적 토대가 약하여 『정감록(鄭鑑錄)』 수준을 벗어나지 못했다(변란에 가담한 자 가운데 『정감록』을 믿은 정씨와 최씨가 많았다.). 이것은 변란 주도층이 기본적으로는 엽관(獵官)적 성향을 벗어나지 못하고 있기 때문이었다.

이들은 왕조 타도에 성공했을 경우 차지할 관직을 미리 정해놓기도 했다. 철종 2년(1851)에 변란을 모의했던 유흥렴·채희재·김수정 등은 정승과 판서를 배정해 두었으며 철종 4년에도 거사에 성공하면 김수정은 병조판서, 최봉주는 삼도통제사를 차지할 계획이었다. 이필제도 "서울에서 벼슬하는 것이 부모의 평생 소원"이었다고 했으며, "명의 태조도 처음에는 걸아(乞兒) 300여 명이었으니 사람의 일을 어찌 모두 알 수 있겠는가"라고 말하여 관직 진출이나 권력에 대한 그의 열망을 토로했다. 일의 진행이 수월하지 못하면 밀고자가 속출한다든지 구체적인 이념을 계발하지 못한 사실도 엽관적 성향을 잘 보여주는 것이다.

이념적으로 유교의 입신양명주의에서 벗어나지 못한 무리들이 혁명을 갈망한다고 해도 조급하기만 할 뿐 제대로 조직을 결성하지도 못했다. 이들은 일단 '난리'를 일으키고 격문을 각지에 띄우면 각지에서 합세해 올 것이라는 현실과는 거리가 먼 환상을 품고 있었다. 영남 지역과 호남 지역 등을 분담하여 동조자를 규합하는 방법을 채택하기도 했으나 일단 봉기를 일으키는 데 성공한 경우도 매우 드물었다.

1980년대 이후 대학 캠퍼스에서 크게 유행했던 '혁명론'이나 자주 있었던 이른바 '조직사건'이라는 것도 어떤 면에서는 19세기 변란의 전통이 이어진 것으로 볼 수 있으며 그 실패 원인도 많은 점에서 놀라울 정도로 유사하다.

근대화를 꿈꾸었던 이조의 개화파는 일본의 성공에 자극받아 백성이 우민 상태를 벗어나야 근대화가 가능하다고 보고 민이 교육을 받아야 한다고 강조했다. 이에 따라 조선의 군주 고종은 1895년 2월 2일 교육에 관한 조서를 발표했다.

짐(朕)이 생각해 보면 우리 조종(祖宗)이 나라를 세우고 정통(正統)을 물려준 것이 이제는 504년이 지났으니, 실로 우리 열성조의 교화와 은덕이 사람들의 마음속에 깊이 스며들고 또 우리 신민(臣民 : 신하된 백성)이 충성과 사랑을 능히 다한 것에 말미암는 것이다. 그래서 짐은 한없는 큰 대운(大運)을 물려받고 밤낮으로 공경하고 두려워하면서 오직 조종의 가르침을 이어나갈 뿐이다.

너희들 신하된 백성[爾臣民]은 짐의 마음을 체념(體念)하라. 오직 너희들 신하된 백성의 선조는 우리 조종이 돌보고 키워준 어진 신민이었으니, 너희들 신하된 백성도 너희 선조의 충성과 사랑을 능히 이어서 짐의 돌봄과 키움을 받는 어진 신민이다. 짐은 너희들 신하된 백성들과 함께 조종의 큰 기반을 지켜 억만 년의 아름다운 운수를 이어나갈 것이다.

아! 백성을 가르치지 않으면 나라를 굳건히 하기가 매우 어렵다. 세상 형편을 돌아보면 부유하고 강성하여 독립하여 웅시(雄視)하는 여러 나라들은 모두 그 나라 백성들의 지식이 개명(開明)하고 지식이 개명함은 교육이 잘됨으로써 말미암은 것이니, 교육은 실로 나라를 보존하는 근본이다. 그러므로 짐이 임금과 스승의 자리에 있으면서 교육하는 책임을 스스로 떠맡고 있다.

교육에는 또한 그 방도가 있으니, 허명(虛名)과 실용(實用)의 분별을 먼저 세워야 할 것이다. **책을 읽고 글자를 익히어 고인(古人)의 찌꺼기만 주워 모으고 시대의 큰 형국에 어두운 자는 문장(文章)이 고금(古今)보다 뛰어나더라도 쓸모가 전혀 없는 서생**

(書生)이다.

이제 짐은 교육하는 강령(綱領)을 제시하여 허명을 제거하고 실용을 높인다.

덕을 키우는 것[德養]은 오륜(五倫)의 행실을 닦아 풍속의 기강을 문란하게 하지 말며, 풍속과 교화를 세워 인간 세상의 질서를 유지하고 사회의 행복을 증진시킬 것이다.

신체를 키우는 것[體養]은 동작에는 일정함이 있어서 부지런함을 위주로 하고 안일을 탐내지 말며 고난을 피하지 말아서 너의 근육을 튼튼히 하며 너의 뼈를 건장하게 하여 병이 없이 건장한 기쁨을 누릴 것이다.

지를 키우는 것[智養]은 사물의 이치를 연구하는 데서 지식을 지극히 하고 도리를 궁리하는 데서 본성을 다하여 좋아하고 싫어하며 옳고 그르며 길고 짧은 데 대하여 나와 너의 구별을 두지 말고 상세히 연구하고 널리 통달하여 한 개인의 사욕을 꾀하지 말며 다중의 이익을 도모하라. **이 세 가지가 교육하는 강령이다.**

짐이 정부에 명하여 학교를 널리 세우고 인재를 양성하는 것은 너희들 신하된 백성의 학식으로 나라를 중흥시키는 큰 공로를 이룩하기 위해서이다. 너희들 신하된 백성은 임금에게 충성하고 나라를 사랑하는 심정으로 너의 덕성, 너의 체력, 너의 지혜를 기르라.

왕실의 안전도 너희들 신하된 백성의 교육에 달려 있고 나라의 부강도 너희들 신하된 백성의 교육에 달려 있다.

너희들 신민에 대한 교육이 훌륭한 경지에 이르지 못하면 짐이 어찌 나의 정사가 성공했다고 하며 짐의 정부가 어찌 감히 그 책임을 다하였다고 말할 수 있겠는가? 너희들 신민도 교육하는 방도에 마음을 다하고 힘을 협조하여 아버지는 이것으로 그 아들을 이끌어주고, 형은 이것으로 그 동생을 권하며, 벗은 이것으로 도와주는 도리를 실행하여 그치지 않고 분발해야 할 것이다.

나라의 원통함을 풀어줄 이는 오직 너희들 신하된 백성이요, 나라의 모욕을 막을 이도 너희들 신하된 백성이며, 나라의 정치제도를 닦아나갈 이도 너희들 신하된 백성이다. 이것은 다 너희들 신하된 백성의 당연한 직분이지만 학식의 등급에 따라 그 효과의 크기가 결정된다.

이러한 일을 하는 데서 조그마한 결함이라도 있으면 너희들 신하된 백성들도 오직 우리들의 교육이 명백하지 않기 때문이라고 말하면서 상하가 마음을 합치기에 힘쓰라. 너희들 신하된 백성의 마음은 또한 짐의 마음인 만큼 힘써야 할 것이다. 이러해야 짐은 조종의 덕을 드러내어 천하에 빛내고 너희들 신하된 백성들도 너희 조상의 효성스러운 자손으로 될 것이니, 힘써야 할 것이다.

너희들 신하된 백성들이여, 짐의 이 말대로 하라.

백성 모두가 교육을 받아야 한다고 선언했으나 재정 형편상 국립학교는 극소수일 수밖에 없었고 민간에서 많은 사립학교를 세울 정도로 재부가 있는 것도 아니었다. 교육을 받는 이는 그다지 늘지 않았다. 그리고 신학문을 가르칠 수 있는 사람도 극소수였다.

1911년 조선총독부는 조선교육령을 발표했는데, '충량(忠良)한 국민을 육성'하는 것이 기본 목적이었다. 그리하여 총독부는 초등교육기관인 4년제 보통학교 설립에 가장 신경을 썼다(의무교육은 아니었다.). 보통학교에서 가르치는 과목에는 일본어와 일본 역사가 있었다. 총독부는 학제를 달리해 조선인과 일본인을 차별했다. 조선인은 보통학교 4년, 고등보통학교(고보(高普)) 4년이었고 일본인은 소학교 6년, 중학교 5년으로 했다. 조선인에게는 초등교육만 시킬 생각이었다.

조선인은 강요된 교육정책에 거부반응을 보여 보통학교 입학을 기피하고 서당에 갔다. 1910년대에 서당은 대폭 늘어나니 그 수는 1911년 16,540개에서 1920년 25,482개가 되었다.

1919년의 3·1 운동으로 근대적 민족의식에 눈을 뜬 조선인들은 언젠가 독립을 성취하기 위해 근대적 교육을 받아야 한다고 인식의 전환을 했다. 그에 따라 보통학교 취학률이 높아지니 1918년 2.9%에서 1925년 13.4%가 되었다.

총독부는 1922년 조선교육령을 개정하여 보통학교를 6년제로, 고보를 5년제로 늘려 일본인과의 차별을 없앴다. 그 위에 3년 또는 4년제의 전문학교를 두었다. 1936년 보통학교 수는 2,504개였는데 1943년에는 3,855개로 늘었다.

1933년 총독부가 수업료를 낮추니 하층 농의 자녀도 취학할 수 있게 되었다. 이때 조선인은 소득 증가에 대한 기대보다는 무학

(無學)에 대한 사회적 차별의 해소를 목표로 취학했다. 조선인의 보통학교 취학률은 1943년 47%까지 급증했다.

총독부는 조선인의 중등교육을 홀대하여 고보, 여고보(여자고등보통학교), 상업학교, 농업학교, 사범학교 등은 아주 적었다. 그러나 공업화에 따른 고학력자 수요가 커지니 1930년대 중반 고보, 상고, 농고의 입학 경쟁률이 6 대 1이 되었고 사범학교는 7.5 대 1이 되었다. 이들의 취업률은 아주 높았다. 이제 교육을 통한 계층 상승은 한반도 거주 주민의 꿈이 되었다.

1938년 총독부는 조선교육령을 개정하여 조선인과 일본인의 학제 구분을 폐지했다. 이에 따라 고보와 여고보는 일본인 학교처럼 중학교와 고녀(高女)로 부르게 되었다. 중등교육에 대한 수요가 충족되지 않아 1930년대 중반부터 일본 본토의 중학교로 유학하는 학생 수가 부쩍 증가했다. 대부분 조선에서 중등학교에 진학하지 못한 경우였는데 1939년에는 12,500명이나 되었다.

1948년 대한민국이 건국되었을 때 문맹률은 정확히 알 수 없으나 대략 40%로 추정된다. 1949년 12월 교육법이 제정되었는데, 6년의 초등교육을 의무교육으로 규정했다. 교육법에 따른 학제는 국민학교에 이어 중학교 4년, 고등학교 2~4년, 대학 4~6년이었다. 중학교와 고등학교의 수업 연한은 1951년까지 각각 3년으로 조정되었다.

재정이 빈약하여 1954년까지 문교부 예산은 정부 회계에서 2%

에 미치지 못했다. 미국 원조로 정부재정에 다소 여유가 생겨 1956년에 문교부 예산은 11.8%로 늘어났다. 이후 1959년까지 18.4%로 늘어 국방부 예산에 이어 2위가 되었다. 그럼에도 1960년 중학교 취학률은 33.8%, 고등학교 취학률은 19.3%였다.

1951~1959년 사이 5,021명의 학생이 여러 선진국으로 유학을 갔다. 1960년대 이후 이들은 학계와 관계에서 지배 엘리트 집단을 형성했다.

1950년대에 근대화를 위해 정부는 교육에 많은 예산을 투입하는 등 여러모로 신경을 많이 썼으나 졸업생이 갈 만한 직장이 별로 없었다. 교육받은 학생들은 계층 상승을 열망했지만 갈 자리도 없고 오를 곳도 없었다. 어느 시대든 사회는 '자리'로 구성된다. 자릿수가 늘어야 발전하는 사회라 할 수 있는데 미국 원조로 전후 피해를 복구하며 간신히 입에 풀칠하고 있었던 당시 현실에 비추어보아 당장에 가고 오를 자리를 늘리기는 불가능했다. 1950년대는 그 기반을 닦고 있었던 시대였다.

헌법은 자유민주주의를 규정하고 있는데 경제구조는 농자 천하지대본(農者 天下之大本)의 농업국가였다. 전 국민 가운데 75%가 농업에 종사했고, 제조업 종사자는 8%였다. 자유민주주의는 산업혁명에 성공한 공업국에 어울리는 조합이지 전근대의 티를 그다지 벗어나지 못한 농업국가와는 궁합이 맞지 않는다. 어느 시대나 농업국가에서 보편적인 정체는 군주국이었다.

1950년대에 대학이 마구잡이로 설립되어 대학생이 사회적 수

요에 비해 지나치게 많아졌다. 대졸자에 적합한 제조업과 3차 산업에서 대졸 수용능력은 6%가 되지 않았다. 대졸자와 대학 재학생의 절망은 엄청났다.

차고 넘치는 대학생들은 계층 상승의 열망으로 들끓었고 그 열망에 어울리는 미국과 서구 선진국을 동경했다. 그 열망의 근원은 대학에서 배운 서양사회였다. 그들은 자기 나라보다 서구 선진국을 먼저 그리고 더 많이 배웠다. 그리고 비참한 자기 나라의 현실에 절망했다. 왜 이 꼴이 되었느냐는 역사적 성찰은 불가능했다. 이들은 오로지 세상을 원망하고 정권 비판에 열을 올렸다.

【이조 통치의 부정적 유산 가운데 하나가 권력 만능주의, 정부 만능주의적 사고이다. 이는 민을 너무나 무기력하게 만들었기 때문에 생긴 사고체계이다. 정부가 할 수 있는 일은 제한되어 있는데 정부 만능주의 사고체계를 가진 국민은 상황이 안 좋으면 모두 정권 책임으로 돌린다. 역시 정부 만능주의 사고체계에 물든 야당은 집권하면 당장 '좋은 나라'를 만들 수 있다고 큰소리치고 또 그런 착각을 한다.】

1960년 이른바 4·19 의거로 이승만 대통령은 사임했다.

당시 신생 독립국은 대개 사정이 비슷했다. 거의 대부분 민주주의를 주창했는데 경제구조로 보면 농업국가이고 근대화에 필요한 인력을 키운다고 하여 대학교는 많이 만들고 대졸자를 수용할 자리는 없었다. 이러니 제3세계에서 학생운동은 그칠 수가 없었다. 그래도 정권을 뒤집은 경우는 드물었다. 한국에서 학생 봉기가 성공한 이유 가운데 하나가 대졸자를 사회 수용 용량의 18배나 배출했기 때문이었다.

그런데 4·19 주동자들의 사고는 어떠했는가? 『김영삼 회고록』에 이를 잘 보여주는 부분이 있다.

4·19는 사회 전반에 변화의 소용돌이를 몰고 왔다. 그런 중에서 이른바 '혁명주체'인 학생회 간부들의 정치의식은 과잉 상태로까지 나아갔다. 허정이 과도정부 수반으로 이승만 정권이 붕괴한 후 빈 자리를 메우고 있었으나 어디까지나 과도기였다. 4·19 직후 한때 학생회 간부들을 중심으로 이른바 '학생내각'을 구성하자는 발상이 나오기도 했다. "혁명을 완수하려면 혁명을 일으킨 학생들이 내각을 구성해야 한다."는 것이었다. 총학생회 연합조직의 부회장을 맡아 바쁘게 다니던 복진풍이 하루는 내게 와서, "형님, 우리가 혁명을 일으켰으니 학생들이 내각을 맡아야 하지 않겠습니까?" 하고 의논을 해왔다. 그게 무슨 소린가 물어보았더니 학생들이 국무총리와 각부 장관을 맡아야 하며, 학생회장단 전체의 분위기가 그렇다는 것이다. 나는 놀라움을 금할 수 없었다. 나 자신도 장관은 생각조차 해본 적이 없던 시절이었다. 그래 내가 한 마디 해주었다.

"진풍아, 너 말이지, 정신 좀 차려라. 국무총리에 모 대학생 23살, 문교부장관 21살, 이렇게 죽 나가다가 복진풍 장관 21살,

이렇게 되면 우리나라가 도대체 어떻게 되는 건가?"

설사 그런 내각이 구성된다고 해도 한 달이 아니라 며칠을 지탱하지 못할 것이었다. 더구나 대학 간에 공과(功過)를 놓고 자리다툼이 벌어질 것이 불을 보듯 했으나, 한마디로 실현되지도 못할 발상이었다.

"하여튼 합의가 됐는데요."

"합의가 아니라 합의의 할아버지가 되어도 안 된다."

4·19는 학생들로부터 비롯된 일종의 국민적 혁명이었다. 그것도 이제 막 시작된 미완(未完)의 혁명이었다. 구(舊) 정권은 붕괴되었지만, 국민적 합의로 새 정부를 탄생시키는 일은 지난(至難)한 일이었다. 소박하지만 설불렀던 '학생내각' 구상은 책상서랍 속의 해프닝으로 끝났지만, 이는 민주의의 경험이 일천했던 우리의 현실을 반증해 주는 한 편의 소극(笑劇) 같은 것이기도 했다.

-(『김영삼 회고록』, 백산서당, 2000년, 제1권 P137~138)

이들 대학교 학생회 간부들 머리에는 '민주주의'는 없고 벼슬 생각만 가득 차 있던 모양이다. 4·19 이후 여러 대학교 학생회장 선거에서 부정선거가 자행되었다.

【이때 서울대 ROTC 교관이었던 전두환, 노태우 대위는 크게 충격받았다. 이후 그들은 민주화 운동한다는 이들을 의심했다.】

1980년대 전국의 대학 캠퍼스에 기이한 일이 벌어졌다.

어릴 때부터 강력한 반공 교육을 받은 세대가 대학생이 된 80년대에 대거 자칭 '사회주의자'가 되었다가(?) 주체사상으로 갔다. 이는 대한민국 교육의 총체적 실패를 입증하는 일대 사건이었다.

주체사상은 온갖 수사에도 불구하고 전제왕정을 정당화하는 '이데올로기'이다. 서양에서의 보수 이데올로기는 전근대에서는 왕권신수설이고 근대에서는 자유민주주의이지만, 이씨 조선에서는 존왕양이(尊王攘夷)로 표현할 수 있다. '존왕'은 수령 숭배로, '양이'는 미 제국주의 축출로 표현된 것이 주체사상이다. 북한에서 부활한 조선의 근왕 이데올로기가 1980년대 중반에 남한으로 수출되었다.

전근대사회의 체제 수호 이데올로기가 현대 한국사회에 재현되다 보니 그 정체를 알아채기 어려웠다. 현재 한국사회에서 자칭 '좌익'은 대부분 그 본질이 '전근대적 우익'이므로, 상식을 가진 일반인의 눈에는 퇴영적인 면이 두드러져 보인다.

어릴 때부터 반공 교육을 받고 큰 세대가 주체사상에 그다지 거부반응을 보이지 않고 받아들인 이유는 교육의 사회적 가치가, 한국인이 인식하는 가치가 이조 시대와 거의 다를 바 없기 때문이다. 이조는 특이하게 호적에 등록된 모든 남정에게 일정 직(職)과 역(役)을 부과했다. 성인 남자는 양인과 천인으로 구분되어 양인에게는 관료, 향리, 군인, 장인, 상인 등의 직역이 부과되었다.

천인에게는 노비의 역이 부과되었다.

양인의 직역 가운데 관료가 직이다. 직이 아닌 양인의 역과 천인의 역은 모두 고달픈 것, 즉 고역(苦役)이었다. 이른바 사농공상(士農工商)은 직역에 따른 사람 구분이다. 사는 직을 가진 사람이거나 예비후보였다. 평안한 여유 있는 삶은 오로지 직을 가져야 가능했다. 그리고 직은 대체로 과거 합격을 통해 얻는 것이었다. 이조에서 과거의 가치가 어떤 것이었는지 짐작이 갈 것이다. 조선의 신분제는 운영 측면에서는 신분에 따라 직업을 규정한 인도의 카스트 제도와 비슷했다. 그러나 조선은 인도와 달리 최소한 법률적으로는 카스트 변경이 가능했고 실질적으로도 드물지만 역을 지던 사람의 자손이 직(무관직)을 얻는 경우도 있었다. 과거제의 긍정적인 면은 카스트 변경이 가능하다는 잠재의식을 불어넣은 것이다.

대한민국에서도 이조의 사농공상과 유사한 직업관은 예나 지금이나 변함이 없다. 이는 현실의 반영이다. 사(士)에 해당하는 직업은 대학교수, 의사, 검사, 판사, 변호사 등 전문직과 고위공무원이다. 상에 해당하는 직업은 크게 성공하면 사보다 나을 수 있지만, 성공 가능성이 너무 낮다. 사에 해당하는 직업을 가지려면 오로지 공부였다. 입학생의 성적에 따라 대학서열이 정해지고 우수 학생이 많이 들어온 대학은 사를 많이 배출하므로 명문대 소리를 들었다.

대한민국에서 교육은 이조와 달리 만인에게 직을 얻을 수 있는 기회, 카스트를 바꿀 기회를 제공해 주었다. 이 사실은 한국사회와 조선 사회는 무엇이 다르냐는 질문에 대한 대답에서 가장 앞줄에 놓일 만한 것이었다.

사람들의 의식구조나 가치관은 의외로 잘 변하지 않는다. 과학이 아무리 발달해도 점복과 풍수에 관한 수요가 줄지 않는 이 나라 현실을 보라. 풍수지리는 재벌과 대권을 열망하는 유력 정치인들에게 여전히 맹위를 떨치고 있다. 한국인에게 교육의 가치는 조선 시대와 다른 면을 찾아보기 힘들다.

대학 진학 여부는 만인에게 직을 얻을 수 있느냐, 힘든 역을 짊어진 삶을 살 것이냐의 분수령으로 여겨졌다. 대학 입시가 인생에서 가장 중요한 관문이고 전 국민의 가장 큰 관심사가 된 것은 당연했다.

그러나 대학생 수가 폭발적으로 늘어난 80년대 전두환 정권에서 대부분의 대학 졸업장은 그다지 가치가 없음을 조금만 생각해 보면 알 수 있었다. 연간 사회가 제공하는 직에 해당하는 직업 수는 이른바 SKY 대학 연간 졸업생 수보다 적었다. 대학생들이 전면적 사회변화를 요구하게 된 것, 즉 혁명에 경도된 것은 필연에 가까운 일이었다. 자본주의 사회에서의 혁명은 사회주의 혁명 이외의 것이 되기 어렵다.

그런데 한국 대학생은 그 전반적 교양이나 지식수준으로 보아도(전통적으로 한국 교육은 무식한 고학력자를 양산한다.), 출세주의에 물든 그 심성으로 보아도 공익을 위해 투쟁하는 제대로 된 마르크스주의자, 사회주의자가 되는 것은 거의 불가능했다. 어설프게 모방하다가 그 지적 수준에 걸맞은, 가치관에 어울리는 주체사상에 휩쓸렸다. 그리고 그것이 직을 얻기에 유리했다.

헌법과 법률은 직 중에서 낮은 직과 중간 직은 각종 시험으로, 높은 직은 선거로 뽑으라고 규정했다. 현실에서 가장 높은 직은 선거로 뽑는 것이 아니었다. 87년의 개헌으로 가장 높은 직도 선거로 뽑게 되었다. 정통 사회주의자에게 기성 정당에 들어가는 것은 이념에 대한 배신이었지만, 주체사상 신봉자가 보수 야당에, 상대적으로 진보적인 정치인 휘하로 들어가는 것은 모순적인 일이 아니었다. 87년 이후 선거로 뽑는 직이 대폭 늘어나 시험으로 직을 얻는 것보다 투기적이긴 하지만 정당이나 시민 단체에 들어가 이쪽에 인생을 거는 것도 해볼 만한 일이 되었다.

한국사회에서 정치투쟁이 격렬한 이유 가운데 하나가 높은 직을 얻는 것이 신분 상승이라는 의식이 만인에게 잠재해 있기 때문이다. 상승된 신분을 유지하고 세습하려는 정치인의 분투가 정치 활동에서 가장 큰 비중을 차지하고 있는 정도가 아니라 전부라고 말할 수 있는 지경에 이르렀다.

| 에필로그 |

역사의 굴레

역사의 굴레는 무서운 것이다. 이조는 부귀영화를 누리기 위해 수단 방법을 가리지 않는 일군의 지식인들이 무력을 가진 이성계와 결탁하여 세운 왕조로 만수산 드렁칡으로 얽혀 누리려 했고 실제로 그렇게 되었다. 이조의 선비는 위학(僞學)의 무리, 허학지도(虛學之徒)였다.

이조 시대부터 한국사회가 밟아온 역사의 경로는 인간 차별의 심화였고 사회 구성원의 원자화, 서열화였다. 정치는 공익을 위장한 집단 사익 추구 행위 그 자체로 민을 희생시켜 부귀영화를 누리는 것이 목적이었다.

이러한 사회는 기만과 거짓이 천지를 뒤덮는다. 이러한 사회에서 거짓말과 속임수는 지배층의 가장 유용한 정책일 뿐 아니라 또한 민의 필수 생존술이 된다. 그리고 개인의 유능과 무능을 가르는 기준이 되기까지 한다.

이조는 극도의 저신뢰 사회였다. 그 사회에서 인간의 삶은 만인 대 만인의 투쟁 양상을 띠었고 그 경쟁의 규칙은 불공정 그 자체였다.

【이러한 사회에서 유능하고 정직한 이는 어떻게 생존하고 자손을 남기는가. 아마도 이 땅에서 유능하고 정직한 이가 인구에서 차지하는 비중은 고려 말과 조선 말이 차이가 많을 것이다.】

1948년 자유민주주의를 이념으로 하는 공화정으로 대한민국이 탄생했다. 성공한 자유민주주의국가가 되기 위해서는 지난한 길을 걸을 수밖에 없었다.

신생 대한민국 정부가 할 수 있는 최선의 정책은 단시일에 불가능한 국민의식 개조가 아니라 공정한 경쟁 규칙을 만드는 것이었다. 제헌 헌법은 이를 천명했다. 87년 이전까지 갖은 시련과 우여곡절이 많았어도 대체로 그러한 방향으로 한국사회는 나아갔다. 87년 개헌으로 공정한 규칙은 완성된 듯했다. 그러나 그것을 충실히 구현할 수 있는 정치 집단이 존재하느냐는 문제가 있었다.

그리고 대한민국은 근대민주국가의 기반인 산업혁명에 성공해야 했다.

기적적으로 근대화의 기반을 닦아도, 예견할 수 없는 성공의 독과(毒果)를 적절히 처리하는 것 역시 그에 못지않게 어려운 일이었다. 공업화의 성공으로 적지 않은 수의 기득권층이 생기는데 이들은 이조 지배층과 동일한 지향을 가질 가능성이 매우 컸고 실제로 그랬다. 많이 배운 자들도 이조 위학의 무리와 다를 것이 없음이 87년 이후 증명되었다.

2차 대전 후 신생독립국은 거의 모두 신분제를 부정한 민주공화정으로 출발했다. 그러나 거의 다 실질적인 세습 신분제 국가가 되어서, 사회 구성원 대부분이 선진국으로 이민 가는 유일한 탈출구로 생각하는 사회가 되었다.

거의 유일한 예외가 대한민국인데, 그 이유가 무엇인가?

진정한 국가 공동체, 국민의 이익을 꾀한 유능한 지도자 2인이 기틀을 잡았기 때문이다.

【이 대통령, 박 대통령의 정치가 독재로 보이는 면이 있는데 이는 세습 신분제 사회를 만들려는 정치 세력에 맞서기 위해서는 어쩔 수 없는 일이었다. 대한민국을 내부에서 파괴할 힘이 있는 집단이 검찰과 사법부, 언론매체인 것은 사기 탄핵과 그 이후 사태에서 증명되었다. 박 대통령은 중앙정보부에 이들을 감시하도록 하여 이들 집단의 반란을 방지했다. 사기 민주화 이후 정보부가 위축되니, 그들이 마각을 드러냈다.】

한 자리 차지하면 대개 이 좋은 자리를 평생 가졌으면, 더 나아가 자손만대 이 자리를 유지했으면 하는 생각이 든다. 정권을 잡아도 천년만년 해먹었으면 한다. 그러기 위해 교묘하게 부정선거라도 해서 계속 집권했으면 하는 생각이 들기 일쑤이다.

이런 생각을 떨쳐버리기가 쉬운 것이 아니다. 그러기에 인격이 중요한 것이다.

한 자리 차지한 애들 다수가, 기득권층이 된 다수가 세습 신분제 사회를 만들려 음양으로 노력한다.

유능한 지도자는 이들을 누르고 국가 발전으로 유도한다. 그리고 상당히 강압적인 면을 보인다. 그러지 않고는 자신이 제거되기 때문이다(이때 야합하여 한통속이 되면 찬양을 받는다.).

박정희 대통령이 갖은 비난을 무릅쓰고 유신 체제로 갔던 이유가 이것이었다.

세습 신분제 사회를 만들려는 자들이 다수 국민을 속이기 위해 내건 사기 구호가 '민주화'였다.

1998년 김대중 이후 줄줄이 세습 신분제 사회를 만들려는 자들이 집권했다.

우파라는 이명박이 더했다. 이명박이 내건 실용노선은 이를 은폐하려는 것이었다.

이명박은 정시를 없애고 100% 수시로, 종합성적부로 뽑자고 하였다. 세습 신분제 사회를 만들려면, 기존의 입시제도를 부수어야 했다.

이명박의 대입 100% 수시 주장이 무엇을 의미하는지 모르는 사람이 대부분이다.

87년 세습 신분제 사회로 나아가는 물꼬가 트인 이후 이를 막는 대통령은 추방해야 했다.

신분제 사회 만드는 데 가장 걸림돌이 된 이가 박근혜 대통령이다.

사기 탄핵은 정관계, 언론, 학계 등 모든 기득권 세력이 중국 공산당을 등에 업고 저지른 내란 행위이다.

대한민국의 소위 민주화 세력이 중공 북한을 우러러보는 이유가 김일성 일당이 세습 신분제 사회를 건설했기 때문이다. 서울에 온 김정은 여동생을 우러러보던 임종석의 눈빛을 기억하라!

대한민국 인구의 최소 3분의 1이 신분제 사회에서 귀족이 될 꿈을 꾸고 있다.

전교조, 민노총, 각종 사회단체, 여성 운동하는 것들의 꿈이 중공, 북한과 같은 세습 신분제 사회이다.

이조 500년간 너무나 강력한 신분제 사회에서 살아온 한국인들 상당수는 유전적으로 양반이 되기를 선호한다. 이런 자들이 아무리 사회주의·공산주의, 평등, 균등을 내세워도 실제로는 신분제 사회의 지배층이 되는 것이 이들의 유일한 목적이다. 이들에게 공산당이 지배하는 북한, 중국은 유토피아이다.

법가 왕조 – 중국 공산당

흔히 공산주의가 중국인의 민족성에 어긋나는데도 공산당이 현대 중국을 지배하는 것이 불가사의하다고 말한다. 그러나 법가 체제의 연속으로 보면 의아한 일이 아니다.

법가의 교의(教義)는 2천여 년간 지속된 중국의 황제 지배 체제를 뒷받침했다. 그리고 마르크스-레닌주의와 결합해 중국 공산당에도 지대한 영향을 미치고 있다. 법가와 마르크스-레닌주의는 둘 다 국가가 사회 전반을 지배하고 개개인을 감시 통제하는 것을 목표로 하는 전체주의를 신봉한다.

중국 정치문화의 법가적 전통 덕에 마르크스–레닌주의는 빠르게 중국 사회에 전파될 수 있었다. 중국 마르크스주의는 외국 정복자가 강요한 사상이 아니라 중국 지식인 스스로 전통문화의 여러 부분을 통합하고 발전시킨 것이다. '인민의 황제' 모택동이 중국을 석권하자 법가 전통의 주요 요소가 되살아났다.

1949년 10월 중화민국 건국 수립을 선언한 모택동은 먼저 법가 정치 작동에 필수요소인 공포를 확산시켰다. 인구 1,000명당 1명 꼴로 죽이라고 명령했다. 이미 국공내전 기간인 1947년부터 공산당이 장악한 지역에서 토지개혁을 실시하면서 '지주'를 학살하여 공포를 퍼트렸는데 전국을 장악하니 더욱 요란스러워졌다. 농민은 공산당의 명령에 따라 지주로 지목된 사람들(이들 대부분은 지주는커녕 부농이라 하기도 힘들었다.)을 창으로 찔러 죽이거나, 산 채로 불태워 죽이거나 생매장하고 사지를 잘랐다. 그 아이들은 '어린 지주'라 하여 학살했는데, 간첩 혐의로 체포되어 고문받고 죽은 6세 아이들도 있었다.

1955년에는 자유주의 지식인들을 주적으로 삼아 공격, 77만 이상을 체포했다.

【전두환 정권 시절 주한 미국대사를 지낸 리처드 워커(Richard Louis 'Dixie' Walker, 1922~2003) 교수는 처음 예일대 역사학과에서 학생들을 가르쳤다. 1956년 펴낸 저서『공산주의 치하의 중국: 첫 5년

(China Under Communism: The First Five Years)』에서 모택동 정권 치하에서 일어난 대숙청으로 수백만 명이 죽었음을 폭로했다. 이 때문에 '진보적' 풍토의 예일대에서 논란이 일자 사우스캐롤라이나 대학으로 자리를 옮겼다.】

 1957년에는 '반우파 투쟁'을 전개했는데, 당 총서기 등소평이 책임자가 되어 50만 명이 넘는 지식인, 학생을 농촌으로 추방했다.
 모택동의 대약진운동과 문화혁명은 전근대 제국 시대의 '변법(變法 : 법가식 개혁)과 다를 바가 없었다. 법가의 꿈은 중화인민공화국의 탄생으로 찬란히 구현되었다.
 모택동은 중국 최초의 법가 황제인 시황제를 노골적으로 찬양하고 숭배했다. 모택동은 시황제의 탄압 조치인 분서갱유를 재현할 필요가 있는 '진보적 정책'이라고 찬사를 보냈다. 대약진운동이 한창인 1958년 5월 8일에 열린 중국공산당 제8기 당 중앙회의 2차 회의에서 모택동은 이런 말을 했다.

 진시황은 현실을 중시하여 구습을 혁파하는 일의 전문가였다.

【이때 임표가 "진시황은 분서갱유를 저질렀다."라고 모택동의 발언을 끊고 들어왔다.】

 (잠시 침묵 후) 나 역시 진시황을 인용하는 것을 좋아하지 않는

다. 그러나 진시황의 분서갱유쯤이야 나에 비하면 새 발의 피다. 진시황은 겨우 460명의 유생을 생매장했지만, 우리는 4만 6천 명의 유생을 생매장했다. 우리가 혁명을 하면서 무수한 반혁명 지식분자들을 죽이지 않았나! 언젠가 한 민주 인사와 논쟁을 한 적이 있었다. 나는 그에게 이렇게 대꾸했다. 당신은 내가 진시황이라고 욕한다. 그렇다. 나는 진시황이 아니라고 한 번도 부인한 적이 없다. 그러나 안타깝게도, 당신의 비난은 너무 부족하다. 더욱 심한 욕설을 해다오. 나 모택동은 진시황보다 백배 심한 독재자라고. 우리는 진시황을 100배 초과했다. … 사람들은 늘 진시황이 분서갱유했다고 비난하며, 이런 행동을 가장 큰 죄악으로 꼽는다. 그러나 내가 보기에 그는 유가를 너무 적게 죽였다. … 그들 유가는 실로 반혁명주의자였다.

모택동은 시황제와 법가를 논평한 '혁명적 비평'이란 글을 썼다. 다음은 그 일부이다.

진의 초대 황제 즉 신흥봉건 지주계급의 뛰어난 지도자는 역사 발전의 교리에 따라 … 법가가 주장한 법을 시행하고 전쟁으로 중국을 통일하고 노예제도로 유지되던 봉토를 폐지하고 중앙집권적 독재를 완성했다. … 진의 초대 황제는 노예제도를 부활시키려고 헛되이 노력하는 반동 유가를 무력으로 단호하게 진압했다. 이는 신흥 봉건 지주계급의 독재를 지키기 위한 혁명적 실천이었다. 게다가 진의 초대 황제는 "분서갱유하라."고 명령했다. 이는 공자와 맹자를 추종하는 자를 탄압한 혁명적 조처였다.

　권력은 총구에서 나온다는 모택동의 말은 자신이 마르크스주의자가 아니라 저속한 법가의 세계관을 가졌음을 자백한 것이다. 그의 사고방식과 작태는 명나라를 건국한 주원장과 아주 닮았다.
　중국 전근대 사회에서 황제는 법을 초월한 존재로 그만이 법을 제정, 개정, 폐지할 수 있었다. 모택동도 미국 언론인 에드가 스노우(Edgar Snow, 1905~1972)에게 자신은 무법자이며 하늘보다 높다고 말했다. 법 위에 있는 존재이니 당연히 무법자이다.
　중국 공산당 지도부는 인민을 당의 도구로만 쓸모 있는 열등한 존재로 보았다. 중국 공산당 기관지 『인민일보』는 1960년 1월 16일자에서 현대 중국 마르크스-레닌주의 지도자의 자비로운 통치 아래 인민은 '당의 충성스러운 도구'가 되는 것이 숙명이라고 훈계했다.
　1973년 모택동의 강력한 지지를 업고 임표(林彪)와 공자(孔子)를 격하하고 비난하는 비림비공(非林非孔) 운동이 일어났다. 이 운동이 진행되는 동안 법가와 법가적 황제인 시황제, 한 고조 유방, 당 태종 이세민, 명 태조 주원장은 중국사에서 가장 진보적인 혁명가로 그려졌다. 중국 공산당이 지배하는 공영 매체는 법가 교의를 찬양 선전했다. 중국 공산당의 관변학자들은 '위대한 지도자이자 스승'인 모택동의 가르침을 따라 법가의 교리가 '프롤레

타리아 독재론'의 선구라고 공개적으로 떠들었다.

　모택동 사후 등소평의 개혁개방정책이 시행된 이후 중국 공산당은 공자를 복권시켰으나 법가 찬양을 계속하고 있다. 중국의 대학에서 쓰이는 국사 교과서는 법가가 주장한 사상 통제와 정치 탄압을 높이 평가한다.

　현대 중국인 대다수는 마르크스-레닌주의를 중국 고유의 산물로 여기며 서양의 부패한(?) 자유민주주의와 대립하는 것으로 본다. 마르크스-레닌주의는 현대에 맞는 실용적 형태이지만 진정한 중국적 본질을 지니고 있다고 공식 선포되었다. 이는 전근대의 황제들이 법가의 기본교의를 토대로 유교를 변형시킨 것과 동일한 것이다.

　수천 년간 가혹한 법가적 통치를 받은 중국인들은 그러한 지배에 익숙하므로 그다지 저항도 하지 않는다. 인성이 법가 통치에 맞추어져서 부당한 권력의 횡포도 당연시하는 경향이 있다. 한마디로 법가가 원하던 '노예근성'을 갖추었다. 민주공화정은 공익과 사익을 명확히 구분·인지하고 그것을 조화시킬 줄 아는 자주·자립·자율적인 시민이 다수 존재해야 구현 가능하다. 중국에서 민주공화정 체제가 수립되기를 기대하는 것은 시황제가 불로초를 찾은 일보다 헛된 것이다.

　중국 공산당이 건설한 사회는 철저한 세습 신분제 사회이다.

권력 세습과 특혜 독점에서 북한 노동당과 중국 공산당을 능가하는 조직은 없다.

중국 공산당은 1949년 10월 국민당에 승리하자마자 논공행상에 들어가 혁명 유공자들을 정계와 관계 요직에 앉혔다. 혁명 유공자의 자녀는 교육과 취업, 승진에서 엄청난 특혜를 누렸다.

【우리나라 '민주화 유공자'도 중국 공산당 정도는 아니지만 대학입시, 취업에서 상당한 혜택을 받는다. 세월호 유공자(?)도 대학입시 전형에서 특혜를 받았다. 문재인 정권류의 권력이 계속 이어지면 중국 공산당 이상 가는 특혜를 받을 것이다.】

문화혁명이 시작되던 1966년에는 전국의 중고교생들이 출신 성분에 따라 신분이 나누어진 상태였다.

홍위병은 처음 시작할 때부터 신분에 따라 보황파와 조반파로 갈렸다. 보황파는 출신 성분이 좋은 혁명간부, 혁명열사, 혁명군인, 농민, 노동자의 자제였다.

1966년 8월 12일 최고 검찰원 부검찰청의 아들인 베이지 공업대학 문화혁명 소조의 조장 담력부(譚力夫)는 대자보에 칠언대구(七言對句)를 적어놓았다.

| 老子英雄 兒好漢 | 부모가 영웅이면 아이는 호걸이고 |
| 老子反動 兒混蛋 | 부모가 반동이면 아이는 바보이다. |

공산당 간부의 자제들은 이 혈통론에 동조했다.

10월 9일 국무원 총리 주은래는 담력부의 혈통론을 형좌실우(形左實右 : 형태만 좌파 실제로는 우파)라고 평했다.

10월 24일 모택동은 혈통론을 비판했다.

"학생들 일부는 출신 성분이 좋지 않을 수도 있지. 설마 우리 모두 다 출신 성분이 좋겠어?"

12월 담력부는 투옥되었다. 그러나 이는 곧 뒤집어진다.

1967년 1월 기계 공장 견습공인 우라극(遇羅克, 1942~1970)이 '출신론'을 써서 혈통론을 날카롭게 비판했다. 우라극은 혈통론을 신분제적 발상이라며 새로운 특권 계급을 만드는 반동의 카스트 제도라고 비난했다.

【우라극은 출신 성분이 나빴다. 부친이 일본 와세다 대학에서 토목공학을 전공한 엔지니어였다. 기술혁신으로 업적을 세웠으나 1957년 반우파 투쟁 때 우파로 몰려 노동교양형을 받았다. 우라극은 학업성적이 우수했으나 부친이 우파라는 이유로 대학 입학이 불허되었다.】

혁명세력의 신분 세습을 비판했으니 중앙 문화혁명 소조가 가만있을 리 없었다. 4월 출신론을 대독초(大毒草)라고 비난했다.

1968년 1월 5일 우라극은 반혁명 여론 조성, 반동사상 유포, 반혁명 조직 결성 등의 죄로 체포되었다.

1970년 3월 5일 19명의 정치범이 사형선고를 받고 당일로 총살로 사형이 집행되었다. 이들 가운데 우라극이 있었다. 신분제 사회를 비판하다가 사형당한 것이다.

그의 죽음은 중국 공산당이 세습 신분제 사회를 건설했음을 보여주는 좋은 증거이다.

【2020년 7월 북경대 교수 정야부(鄭也夫)는 오늘날 중국은 집권세력과 특권세력을 보위하는 데 천문학적 국부를 쓰고 있으며, 그 자식들은 아메리카와 유럽에서 살면서 사치와 향락에 탐닉한다고 비난했다.】

***

법가 문화가 잔존한 한국사회에서 신실하게 공익을 추구하는 정치집단이 나오기는 어려웠다. 이조의 공익을 가장한 집단 사익 추구 행위가 여러 분야에서 폭넓게 재현되었다. 집단 조직의 하나인 노동조합은 본질적으로 집단의 이익을 대변하는 것이지 공익과는 거리가 멀다. 전공노, 전교조, 민노총 등 각종 영향력이 센 노조의 활동에 국민여론이 나쁜 것은 이상한 일이 아니다. 정치권은 목소리 크고 힘이 센 집단의 눈치를 보고 조직화가 되지 않은 다수의 말 없는 국민에게는 관심이 없다. 그 결과가 양극화의 심화이고 새로운 기득권 집단의 세력 공고화이다.

현재 한국사회에서 갈수록 양극화가 심화되고 있다고 아우성이다. 대한민국의 양극화는 빈부격차의 문제이기도 하지만 정확히 말해 직에 해당하는 직업과 역에 해당하는 직업의 차가 심화된 것을 의미한다. 고도 성장기에는 직과 역의 차이가 줄어드는 듯했는데 87년 이후 커지고 있다.

그리고 직에 해당하던 직업에도 큰 변화가 일어나고 있다. 우선 전문직의 위상이 무너지고 있다. 87년 이전 전문직은 확실히 이조의 '직'에 해당했다. 이제는 전문직 종사자의 양극화가 심해지고 있다. 2만이 넘는 변호사의 90%는 직이 아니라 역을 맡게 된 것 같다. 이제는 교수도 일부 대학의 교수만 사람들이 생각하는 교수 이미지에 걸맞은 존재이다. 의사 등 다른 전문직도 그러한 추세이다.

87년 이전에는 대졸자가 그리 염두에 두지 않던 하급 공무원과 교육 공무원이 직이 된 세상이다. 국영기업체와 공사 취업도 직을 얻는 것으로 인식되고 있다. 민간 부분에서 대기업 정규직은 직이고 비정규직과 중소기업의 종사자는 역을 맡은 꼴이 되었다. 그런데 고용불안으로 대기업 정규직도 역으로 인식되어 가고 있어 늦은 나이에 노량진으로 가는 대기업 사원이 적지 않다. 한 마디로 정부와 관련된 직업은 모두 직이 되고 민간 부문에서 창출하는 직업은 역이 되어가고 있다(그리고 그 직을 얻는 과정에 부정도 많아지고 있다.). 관존민비라는 역사의 쓰레기통에 들어간 줄 알았던 어휘가 실감이 나는 세상이다. 관존민비의 나라가 민주국가라면 북조선도 민주국가이다.

직에 해당하는 직종은 조합 등 조직을 만들어 그들의 기득권을 지키고 강화하고 있다. 역에 해당하는 직종은 조직을 만들 여력이 없어 소리를 내지 못하고 그 구성원은 각자도생의 길을 택한다.

이런 사회현상 때문에 87년 이후 대한민국은 '전면적인 이조화'의 길을 걷고 있다고 말할 수 있다. 젊은이들이 대한민국을 빗대어 '헬 조선'이라 하는 것은 이조를 잘 알아서 하는 말은 아니지만 정곡을 찌른 것이다.

기득권 영구화에 유리한 정치체제가 의원내각제이다. 유럽에서 발달한 인류 역사의 빛나는 성취라고 할 수 있는 이 제도는 비서구권에서는 재앙이 되기 일쑤이다.

내각제에 언제나 정치검찰일 수밖에 없는 이 나라의 검찰이 융합하고, 중국 공산당과의 사대 관계가 고착화되면 대한민국의 이조화는 완성된다.

이러한 상황에 대한민국 구성원의 통렬한 자각이 절실하다.

【윤석열이 적절한 방어장치 없이 권좌에서 내려오는 것은 내준신의 최후를 맞겠다고 자처하는 것이다. 문재인이 하다 못한 연금 사회주의 완수 여러 가지 공작을 벌일 텐데 그에 대비해야 한다. - 김명신이 직접 대선에 출마하려 할 것이다.】